L. MARCHADIER
MEMBRE DE LA SOCIÉTÉ ARCHÉOLOGIQUE DE TOURAINE
SECRÉTAIRE GÉNÉRAL DU COMITÉ DU CENTENAIRE DE PAUL-LOUIS COURIER
OFFICIER D'ACADÉMIE

PAUL-LOUIS COURIER

SON DOMAINE DE LA CHAVONNIÈRE
SA VIE INTIME ET SON ASSASSINAT
AMIS ET ENNEMIS
MONUMENTS ÉLEVÉS A SA MÉMOIRE

Avec un discours d'ANATOLE FRANCE
de l'Académie française

« Si l'on savait ce que c'est que la liberté, les
rois descendraient du trône et personne n'y voudrait monter. »   P.-L. COURIER.

ÉDITÉ EN VUE DU CENTENAIRE

SOUS LES AUSPICES DE LA VILLE DE TOURS, ET AU PROFIT DU COMITÉ P.-L. COURIER

En vente à l'IMPRIMERIE TOURANGELLE
20-22, RUE DE LA PRÉFECTURE

TOURS

1925

PAUL-LOUIS COURIER

SON DOMAINE DE LA CHAVONNIÈRE
SA VIE INTIME ET SON ASSASSINAT
AMIS ET ENNEMIS
MONUMENTS ÉLEVÉS A SA MÉMOIRE

PORTRAIT DE P.-L. COURIER

(Offert par Anatole France).

L. MARCHADIER

MEMBRE DE LA SOCIÉTÉ ARCHÉOLOGIQUE DE TOURAINE
SECRÉTAIRE DU COMITÉ DU CENTENAIRE DE PAUL-LOUIS COURIER
OFFICIER D'ACADÉMIE

PAUL-LOUIS COURIER

SON DOMAINE DE LA CHAVONNIÈRE
SA VIE INTIME ET SON ASSASSINAT
AMIS ET ENNEMIS
MONUMENTS ÉLEVÉS A SA MÉMOIRE

Avec un discours d'ANATOLE FRANCE
de l'Académie française

« Si l'on savait ce que c'est que la liberté, les
rois descendraient du trône et personne n'y voudrait monter. » P.-L. COURIER.

ÉDITÉ EN VUE DU CENTENAIRE

SOUS LES AUSPICES DE LA VILLE DE TOURS, ET AU PROFIT DU COMITÉ P.-L. COURIER

En vente à l'IMPRIMERIE TOURANGELLE
20-22, RUE DE LA PRÉFECTURE

TOURS

1925

A NOTRE ILLUSTRE ET VÉNÉRÉ MAITRE

ANATOLE FRANCE

PRÉSIDENT DU COMITÉ DU CENTENAIRE

DE PAUL-LOUIS COURIER

EN SOUVENIR DE LA PLAQUE COMMÉMORATIVE

POSÉE EN 1918 A LA CHAVONNIÈRE ;

EN TÉMOIGNAGE DE NOTRE ADMIRATION PROFONDE

ET DE NOTRE PLUS VIVE GRATITUDE.

VÉRETZ, LE 25 DÉCEMBRE 1921.

L. MARCHADIER,

Secrétaire du Comité.

NOTA. — Notre grand Maître est mort pendant que cet ouvrage était sous presse. Il a eu le manuscrit plusieurs mois entre ses mains ; la maladie seule l'a empêché d'y ajouter la préface qu'il avait promise.

AVANT-PROPOS

Établi depuis vingt ans au pays de Paul-Louis Courier, nous avons patiemment recherché ce qu'il restait de l'illustre pamphlétaire dans l'âme populaire, recueilli et noté avec soin les traditions que se transmettent, depuis un siècle, les générations de Véretz.

Malheureusement, son souvenir s'efface chez les paysans, et la tradition locale est souvent fausse ou altérée.

Les archives communales et départementales, compulsées avec soin, nous ont réservé quelques bonnes surprises : nous y avons trouvé avec joie de l'inédit, digne d'intéresser les disciples fervents, ainsi que les chercheurs et les curieux.

Nous avons fait quelques emprunts, — emprunts que nous nous accusons de n'avoir pas toujours soulignés, — à divers auteurs, particulièrement à Desternes et Galland, Robert Gaschet, et surtout à Louis André, président de chambre à la cour d'appel de Paris, auteur de *l'Assassinat de Paul-Louis Courier*, qui a tiré ses renseignements précis des « débats » de la cour d'assises.

Mais ce qui distingue surtout ce modeste ouvrage, —

sans prétention littéraire, — c'est : l'historique du domaine de Paul-Louis Courier et les biographies des personnages plus ou moins directement mêlés à sa vie
intime. Rempli de documents officiels, il devient une
« source » où seront obligés de venir puiser désormais
tous ceux qui voudront mieux connaître la vie rustique
et les relations du grand « Vigneron de la Chavonnière ».

Puisse-t-il aider à réveiller dans le peuple le souvenir de Paul-Louis et contribuer à l'éclat de son centenaire !

Nous nous croirons suffisamment récompensé de nos
quinze années de recherches.

A Véretz, le 20 décembre 1924.

L. MARCHADIER.

PREMIÈRE PARTIE

Le Domaine de Paul-Louis Courier

L'antique ferme de la Chavonnière. — qui fut le séjour de P.-L. Courier pendant la dernière partie de sa vie, — est située « sur les hauts » de Véretz, à trois lieues de la ville de Tours.

Elle appartient au plateau, à peine ondulé. qui s'étend

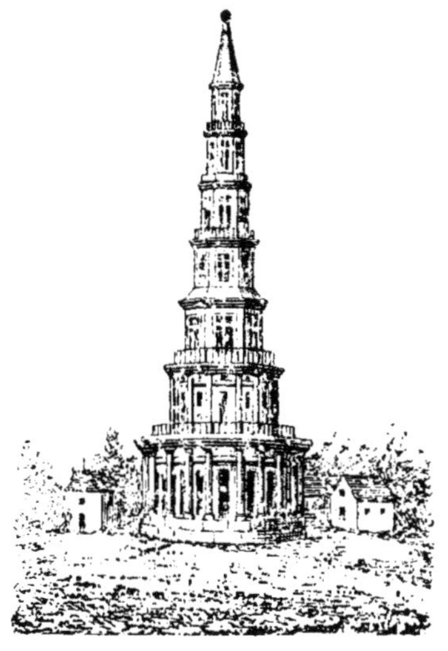

Pagode de Chanteloup (Amboise).

entre le Cher et l'Indre et forme un prolongement de la Champeigne tourangelle ; les terres y sont généralement fertiles et propres à toutes les cultures.

Elle est éloignée du joli petit bourg de Véretz d'environ
une demi-lieue. On y monte par une route très sinueuse
passant par le Verger et les Desrés.

De ce point culminant, la vue s'étend au loin : au levant,
jusqu'à la forêt d'Amboise, où l'on aperçoit, par un temps
clair, la « pagode de Chanteloup ». qui émerge du feuillage

Castellum de Larçay.

sombre et brille sous les feux du soleil couchant. Au nord,
on admire dans le lointain les coteaux de Montlouis et de
Vouvray, couverts de vignobles renommés. Puis, tout autour, des champs, des vignes, des terres grasses et fécondes,
des bouquets de bois, un gros village tout proche, et des
fermes isolées, disséminées en cette vaste campagne. Enfin,
vers l'ouest, à trois quarts de lieue, se montrent les vertes
frondaisons de la forêt de Larçay, qui borne l'horizon de ce
côté et éveille le souvenir, déjà lointain, du plus illustre
des propriétaires de la Chavonnière.

*
* *

Les bois, qui couvraient autrefois tout le plateau, formaient alors l'immense forêt de Bruchenay. Un des points qui ont été défrichés les premiers dans le pays fut assurément celui de la Chavonnière. Dès l'époque gallo-romaine, il y avait en ce lieu une villa, bâtie en pierre et couverte de tuiles à rebord. Un puits, large et profond, fournissait l'eau aux habitants.

Ce puits antique et les restes de constructions qu'on a découverts attestent l'ancienneté du lieu. Les Romains avaient fondé là une exploitation agricole dès les premiers siècles de la conquête, à quelques kilomètres seulement du castellum de Larçay, auquel elle était reliée par un chemin direct, traversant le parc actuel de Véretz.

On peut donc, sans être beaucoup éloigné de la vérité, faire remonter sa fondation au IIe siècle de notre ère.

Elle fut complètement détruite, peut-être par les Bagaudes, au IIIe siècle (1), mais sûrement au IVe siècle et avant l'introduction du christianisme dans notre contrée (2), puisque le dernier propriétaire de la villa fut inhumé suivant la coutume païenne, dans une cavité en maçonnerie construite au-dessus du puits. Le tombeau et le puits n'ont été découverts qu'en 1855.

Relevée de ses ruines à une époque inconnue, elle fut reconstruite à deux cents pas de là, au nord-ouest, où fut creusé un nouveau puits, accompagnement nécessaire de toutes les habitations des plateaux.

Pendant le moyen âge, elle fut une exploitation agricole

---

(1) Révolte des Bagaudes (en 215), paysans soulevés par les impôts et conduits par Aman et Elian.

(2) L'époque probable de sa destruction est le IVe siècle, puisque la pièce romaine la plus récente trouvée à la Chavonnière porte l'effigie de Constantin, qui régna de 306 à 337.

importante, sans avoir pourtant jamais porté le titre de maison seigneuriale. Elle dépendait de la châtellenie de Véretz, à laquelle elle payait dîmes, cens et rentes.

De même que tout le pays avoisinant, cette ferme eut beaucoup à souffrir, pendant la guerre de Cent ans, des pillages et incendies des gens de guerre, mais surtout après la bataille de Poitiers, où le château de Véretz fut occupé par une garnison anglaise (août-septembre 1358). Les « Anglois de Vérez », commandés par un gentilhomme breton, nommé Basquin de Poncet, exercèrent, aux alentours de la forteresse, et jusqu'à Tours et Rochecorbon, leurs « pilleries et robberies », brûlant les chaumières et massacrant les paysans.

Nous croyons que la Chavonnière fut encore une fois complètement détruite à cette époque et rebâtie au siècle suivant, sur l'emplacement actuel.

La vieille maison de ferme et les écuries qui y font suite paraissent être, en effet, du xve siècle, au moins en partie. La maison de maître fut probablement bâtie à la fin du xviie siècle ou au commencement du xviiie, par Louis Massicault, le propriétaire d'alors.

Sa construction est très simple et n'offre rien de remarquable : la charpente massive est en bois de châtaignier, qui a la réputation d'éloigner les araignées.

C'est cette maison qu'habita Paul-Louis Courier, mais il n'en reste plus, malheureusement, qu'une portion ; les marchands de biens qui divisèrent cette propriété, en 1872, démolirent les bâtiments du midi pour en vendre les matériaux : la longueur de l'édifice se trouva réduite au moins d'un tiers.

.

Le nom actuel de la Chavonnière remonte-t-il aussi loin
que sa fondation ? Sa terminaison est du xviie siècle (1),
mais elle a été ajoutée à un nom beaucoup plus ancien ; car,
à cette époque, il n'existait pas, à Véretz, de famille portant
le nom de Cavon ou Chavon.

D'ailleurs, en 1600, elle est appelée Chavonne et Chavougne ; en 1604, Chavoignie ; en 1628, Chavoiene ; en 1630,
Chavonnes ; enfin, en 1651, la Chavonnière (2).

C'est donc bien au xviie siècle que cette terminaison lui
fut ajoutée, ainsi que l'article qui précède le nom.

.

A notre avis, on ne peut prétendre que cette ferme porte
le nom de son fondateur gallo-romain, qui se serait appelé
Cavonus ; nous pensons que ce nom, assez répandu d'ailleurs (3), a une tout autre origine (4), et lui vient des produits de son sol.

---

(1) La terminaison *ière* signifie *domaine, propriété de :* Breton-
nière, domaine de Breton ; Seguinière, domaine de Seguin ; Pabo-
tière, domaine de Pabot, etc. — La terminaison *rie* a la même
signification, mais est plus ancienne : Hénaudrie, domaine des
Hénault ; Naudries, domaine des Naud, etc...

(2) Voir état civil : Chavonne (10 janvier 1600), Chavougne
(9 mars 1600), Chanvougne (31 mars 1600), Chavognes (28 avril 1625),
Chavoiene (24 avril 1628), etc...

(3) Un autre lieu, près des Hénaudries, commune de Vou
(Indre-et-Loire), portait aussi le nom de Chavonnière.

(4) Nos recherches latines ne nous ont donné aucun résultat
satisfaisant.

Cocheris fait venir tous les noms de cette catégorie du mot celtique *cab*, signifiant *cabane*. Ainsi se seraient formés les noms de
la Chavanne, Chavanat, Chabannes, etc., qui tous signifieraient
cabanes, petites maisons.

Le nom le plus ancien de Chavonne (Aisne), si voisin de Cha-

***

Une contrée de l'Epire était renommée pour ses belles
forêts de chênes : on l'appelait Chaonie. Les chênes de la
forêt de Dodone étaient si extraordinaires qu'ils passaient
pour rendre des oracles, et qu'ils étaient consacrés à Apollon.

Les Gaulois, comme les Grecs, admiraient les grands
chênes, sous lesquels ils célébraient leurs rites religieux.
Wothan (1) (Odin) était la voix du chêne, le dieu qui par-

---

vonnière, aurait dû être recherché ; nous n'avons pu le faire à
cause de la guerre.

Les noms latins Cavalvilla (Cavoville), Cavaniacum (Chavanaz),
etc., également voisins de celui qui nous occupe, ne nous paraissent pas avoir une grande importance pour notre recherche,
parce que ces latinisations, inscrites dans les chartes plusieurs
siècles après la fondation des lieux et lorsque la signification ori-
ginale était perdue depuis longtemps, ont plus ou moins bien
traduit les noms anciens. Evidemment, les tabellions de ces
époques reculées agissaient en vrais étymologistes, recherchant de
leur mieux la véritable signification et s'efforçant de la représenter avec des mots latins ; mais la science archéologique de la plupart d'entre eux est sujette à caution, et leurs latinisations sont
très douteuses. Il faut donc les accepter avec circonspection, surtout
celles qui sont postérieures au xᵉ siècle.

Les mots latins *cavea* (enclos, parc, trouée, clairière pratiquée
dans la forêt), de *cavo*, *cavare*: creuser, percer, et *cava vona* (cours
d'eau souterrain, à cause du puits), pourraient aussi lui convenir.

Le mot *chavaigne*, *chaveigne*, signifiant corvée rachetée par une
rente annuelle en argent, pourrait aussi s'y adapter ; car nous
n'avons trouvé nulle part que ce lieu dût des corvées au châtelain.
Mais la plupart des « fresches » de Véretz étaient exemptes de corvées ; nous n'en avons trouvé que quelques-unes où ce droit sei-
gneurial était exercé. Presque toutes s'étaient peu à peu rachetées
par une rente en argent. Cependant, il serait possible que la
vieille terre de la Chavonnière eût été la première à adopter ce
mode d'exemption dans la seigneurie et que, pour cette raison, le
nom lui fût resté.

(1) De *wo*, parole (en anglais, *whoop*, cri, et *wo*, appeler ; en
allemand, *wort*, parole), et de *than*, chêne.

lait dans les grands chênes, comme à Dodone, et ses prêtres, les druides, étaient les hommes des chênes (*derw-ide*) (1). Or, le sol excellent de la Chavonnière devait porter les plus beaux chênes de la grande forêt de Bruchenay, dont le nom même, d'origine romane, veut dire forêt marécageuse.

Nous savons d'autre part que notre mot *chêne* ne vient ni du latin *quercus*, ni du celtique *derw* ou *than*, ni du gothique *tree*, etc... Nous savons aussi que les Gaulois se servaient des caractères grecs, et que beaucoup de mots, empruntés à la langue grecque, pénétrèrent en Gaule avec l'alphabet. Il est donc certain que le mot *chaonia* passa dans la langue celtique pour désigner une forêt de grands chênes. C'est ce mot qui, par la langue « rustique » ou gallo-romaine, donna en langue romane les mots *chaon* (2), *chaoine* (3) et *châgne*, ainsi que les mots bretons *caouen* (chêne) et *caouennec* (lieu planté de chênes).

Ces mots ont formé en vieux français *chaoinie* ou *chavoignie*, *châgnie* ou *châgnaie* (lieux plantés de chênes), noms absolument semblables à celui qui nous occupe.

Pour nous, Chavonne, Chavougne, Chavougnie, Chavoiene, etc., que l'on trouve jusqu'au xviie siècle, ne sont que des formes altérées de Chaonie, et le vieux nom de Chavonnière signifie tout simplement bois de grands chênes : la Châgnée ou la Chênaie (4).

_

L'histoire de cette ferme présente peu de particularités

---

(1) De *der*, *derw*, chêne.
(2) Chaon (Loir-et-Cher), canton de Lamotte-Beuvron.
(3) Voir Roquefort, p. 137, et Méon, p. 21. — Barbazan dérive ce mot de *chaonia*.
(4) Nous offrons humblement cette étymologie grecque aux mânes de P.-L. Courier. qui fut, en son vivant, « helléniste juré ».

intéressantes et se confond avec celle de la seigneurie et de
la province.

Cependant, l'importante découverte de 1855, en nous révé-
lant l'antiquité du lieu, nous a livré le squelette d'un des
propriétaires, d'un de ces pionniers qui défrichèrent peu à
peu les immenses forêts de la Gaule et y fondèrent des colo-
nies agricoles florissantes.

Mais contentons-nous de transcrire ici le rapport de
M. Boilleau, membre de la Société archéologique de Touraine, imprimé dans le tome VIII des *Mémoires* de cette
société : « Dans le courant de l'année 1854, M. de La Tour
ayant fait arracher un bois, on y trouva des restes de constructions fort anciennes, beaucoup de débris de tuiles à
rebord, débris d'habitations gallo-romaines.

« L'année suivante, des fouilles firent retrouver de nouvelles traces d'habitation. Dans un carré de maçonnerie,
sous de larges briques, qui semblaient le protéger, on
trouva un squelette humain. Près de la tête était une pièce
de monnaie, mise sans doute dans la bouche au moment
de la sépulture ; à côté, il y avait un collier de chaîne de
laiton, de forme commune, et quelques verroteries desti-
nées à la parure. Au-dessous des briques et du corps, on
aperçut l'orifice d'un large puits, encombré totalement de
débris de toute espèce. M. de La Tour le fit vider et parmi
les décombres il trouva une petite colonne, en pierre dure,
avec base, moulures et chapiteau, d'une hauteur d'environ
1^m,50 ; la circonférence est de 60 à 70 centimètres. Divers
fragments de pierres taillées, de nombreux débris d'am-
phores, de vases, de poterie commune, y étaient enfouis.
Ce puits a environ 5 mètres de profondeur et sa source est
abondante.

« La même année (1855), en continuant les fouilles des
murailles gallo-romaines, on mit à jour une grande quantité de débris curieux parmi lesquels nous mentionnerons
une grande quantité de défenses de sangliers et un vase

Postumus (258-267).

Constantinus (306-337).

Faustina (104-125).

Gallienus (260-268).

Gordianus (238-244).

Gallus.

Pièces romaines trouvées à la Chavonnière.

contenant environ 3.000 pièces en cuivre appartenant à la
période des Trente Tyrans, et presque toutes à l'effigie de
Postume, qui régna spécialement en Gaule de 258 à 267.
Quelques-unes portaient l'effigie de Gordien, de Philippe
père et fils, d'Herennius, d'Etruscus, d'Herennia Etrus-
cilla (1).

« Ces empereurs ne firent que paraître et disparaître vers
le milieu du IIIe siècle. Les pièces étaient « saucées », suivant l'expression des numismates, c'est-à-dire recouvertes
d'une légère couche d'argent (2). »

Nous voyons par cette découverte que la villa primitive
disparut de bonne heure, avant même l'établissement du
christianisme, — le squelette retrouvé ayant été inhumé suivant la coutume romaine, — et que la famille du défunt
abandonna ces ruines pour aller vivre autre part, puisque
le puits fut comblé avec les débris de la maison avant l'in-
humation du maître.

Que devinrent les matériaux, dont on ne retrouve plus
que des fragments inutilisables ? Nous sommes amené à
penser qu'ils ont servi à l'édification d'une seconde maison,
à la place qu'occupe la maison actuelle.

Rien ne nous indique quel laps de temps s'écoula entre
la destruction de la première habitation et la construction
de la seconde ; mais les bois repoussèrent sur les ruines.
Sans doute, le terrain se trouva tellement encombré de débris qu'on en abandonna la culture, et qu'il fut envahi par
une végétation spontanée, d'où est sorti peu à peu le taillis
que M. de La Tour a fait arracher en 1855... La nature avait
repris ses droits !

*
* *

Comme nous l'avons dit, c'est probablement au

____

(1) *Mémoires de la Société archéologique de Touraine*, t. VIII, p. 56.
(2) *Mémoires de la Société archéologique de Touraine*, t. VII, p. 301.

xvᵉ siècle, après la guerre de Cent ans, qu'on réinstalla définitivement la métairie de la Chavonnière ; mais nous ne
pouvons remonter plus haut que l'an 1600, époque où elle
semble être déjà une exploitation importante. La maison
de maître fut certainement construite à la fin du xviiᵉ siècle

La Chavonnière au temps de Courier.

ou au début du xviiiᵉ, car, dès l'an 1712, elle est appelée
« maison de la Chavonnière », et non plus « métairie ».

L'étendue de la propriété, en 1728, était de 48 arpents et
demi de terres, 10 arpents de vignes et 6 arpents de bois (1).
La Blauderie, située dans le voisinage, en dépendait à cette
époque, et contenait 7 arpents 20 chaînées de terres et
6 arpents 86 chaînées de pré (2).

---

(1) L'arpent de Touraine valait environ les 2/3 de l'hectare.
(2) La Blauderie payait, à la seigneurie, 25 sols 9 deniers et
demi, 9 boisseaux et demi de blé et un chapon.

En 1622, la Chavonnière seule payait au seigneur de Véretz 2 septiers 2 boisseaux de froment et 32 sols 6 deniers
de cens. En 1712. elle payait 47 livres 2 sols 6 deniers de
cens. Les septiers de blé ont disparu.

Les bâtiments comprenaient, en 1728, « deux corps de
logis se tenant, 6 chambres basses à cheminée, couverts
de tuiles. Un colombier couvert de tuiles et ardoises,
grand jardin, le tout renfermé de murailles, contenant
deux arpents et demi ».

C'est bien là, en effet, la maison achetée par Courier en
1818 ; mais le colombier a été démoli, ainsi que les hangars
construits dans la cour. La disposition des lieux a été
quelque peu modifiée par la disparition d'une partie de
cette maison et le changement du portail d'entrée, qui a
été rapproché des écuries.

Comme on le voit, la Chavonnière n'était déjà plus, dès
cette époque, une ferme ordinaire, puisqu'elle avait sa maison de maître et le droit de colombage, que les seigneurs
étaient presque seuls à posséder.

Le premier propriétaire dont l'état civil nous ait révélé le
nom est Noël Pasquer, qualifié de « noble homme », écuyer,
« premier huissier ordinaire de la chambre du roi Henri IV,
et receveur de M. Pierre Forget du Fresne, seigneur de
Véretz ». Sa femme, Perrine Davoine, est qualifiée, en
1603, de « recepveuse au château, femme de M. de Chavougnie (1) ».

A sa mort, vers 1630. la propriété passa à Gabriel Giton,

------

(1) Le vingt et uniesme jour du dict moys et an que dessus
(21 décembre 1602) a este baptise Mathieu Pasques, filz de
Mre Nouel Pasques, escuyer sieur de Chavougne, huissier ordinayre
de la chambre du roy henry IIIIe de ce non et de damoyselle
Perine Davoyne, ces pere et mere. Son parin a este Mathieu
Pasques, dict Carouge, homme d'armes ; sa marene a este Marguerite Peschot. (*Signé:*) Pasques et Aubry, curé.

« dict Canon, voicturier par eau » (maître batelier sur le
Cher), puis en 1651 à François Giton, « dict Canon », son
fils, qualifié de « sieur de la Chavonnière ».

En 1675, nous trouvons Perrine Mass¹cault, « propriétaire

Maison de la Chavonnière, côté sud-est.

de la Chavonnière » ; en 1678, Jean Lemaire, « bourgeois de
Tours et y demeurant », mari de la précédente.

En 1721, Louis Massicault, sieur de la Chavonnière, y
mourut, à 80 ans, et fut enterré dans l'église de Véretz.
C'est ce propriétaire qui fit construire la maison actuelle :
il avait comme closiers et vignerons, pour façonner ses dix
arpents de vignes, Pierre Hénault et Jacques Maunoury,
qui demeuraient aussi dans les bâtiments de la Chavonnière.

Après une lacune de plus de 60 ans, nous trouvons, en
1785, comme propriétaire M. Augustin-Joseph Isambert.

chevalier de Saint-Louis et ancien capitaine-commandant ;
puis, comme co-propriétaires, en 1803, **MM. Pimbert et**
Constantin Isambert, beaux-frères. Ce dernier ayant acquis
la part de **M.** Pimbert resta seul propriétaire et mourut
en 1808, laissant son bien à Augustin Isambert, son fils,
alors âgé de 29 ans, resté célibataire.

C'est Augustin Isambert qui vendit la Chavonnière à
Paul-Louis Courier (1) pour 22.600 francs ; l'acte fut passé
devant Mes Petit et Bidault, notaires à Tours, le 21 avril 1818.

.˙.

Courier s'était marié le 12 mai 1814, à l'âge de 42 ans,
avec Esther-Etienne-Herminie Clavier, âgée seulement de
18 ans (2), fille d'Etienne Clavier, savant helléniste, puis
membre de l'Académie des Inscriptions et Belles-Lettres.
Dès l'année 1815, il cherchait en Touraine une maison de
campagne convenable, plus saine que la Filonnière (3), pour

---

(1) Le nom de Courier signifie : procureur d'un archevêché,
procureur fiscal de communauté religieuse, du latin *cursor*, en
bas-latin *correarius, courrerius*. Or, le grand-père de Paul-Louis,
Jean Courier, était précisément procureur fiscal du Plessis-Gatebled (Aube).

(2) Née le 30 juillet 1795 au château de la Nozaie, commune de
Nonville, près de Nemours (Seine-et-Marne). — Par contrat de
mariage du 19 avril 1814, passé devant Me Mossé, M. Courier
reconnaissait à sa femme un capital de 30.000 francs ou une rente
de 3.000 francs. Mme Courier apportait 60.000 francs et 2.000 francs
de trousseau.

(3) Son père, Jean-Paul Courier, posséda d'abord en Touraine
le fief noble de Méré, commune d'Artannes, et se faisait appeler
Courier de Méré. Paul-Louis est quelquefois appelé de ce nom.
Ses descendants ont repris le titre nobiliaire de Méré. La terre de
Méré (Mariacus villa in vicaria Rodonense, villa de Mariaco, 860 ;

**y installer sa jeune femme. « Luynes est un endroit malsain
en cette saison-ci ; j'y reste le moins que je puis. »**

Le 14 janvier 1815, il lui écrivait : « Le bien de Bourgueil

Maison de la Chavonnière, côté nord-est.

hôtel de la Grange de Méré, xiv⁰ et xv⁰ siècles) fut donnée, en 917,
au chapitre de Saint-Martin de Tours, par Robert, trésorier de cette
église. Vers 1300, elle appartenait à Regnaud de Méré ; en 1670,
à Pierre de Préaux ; en 1402, à Jehan Savary ; en 1488, à Guil-
laume de Haute-Pierre ; en 1598, à Pierre Dumoulin, écuyer ;
en 1612, à Horace des Jardins ; en 1636, aux Gaucher de Sainte-
Marthe, dont l'un fut historiographe de France ; en 1726, à Ger-
manique Ferrand, qui la céda, par acte du 6 mars 1768, à Jean-
Paul Courier, bourgeois de Paris. Celui-ci la revendit le
9 avril 1774 à M. Landrièvre des Bordes, et alla se fixer au Breuil,
commune de Mazières, puis à la Véronique, commune de Cinq-
Mars, où il mourut le 25 pluviôse an IV. Il possédait aussi le domaine de la Filonnière, commune de Luynes, que Paul-Louis
conserva jusqu'en mars 1824, où il le vendit à Mᵐᵉ Shœnée pour
71.875 francs.

est vendu. On m'assure que c'eût été pour moi une mauvaise acquisition. Je le crois et je me console. »

Il acquit, le 16 décembre 1815, pour 115.500 francs, la forêt de Larçay, d'une contenance de 258 hectares, divisée en 25 coupes, et qui rapportait environ 12.000 francs par an. « Il y a ici beaucoup de gens fort mécontents que j'aie osé acheter cette forêt ; ce sont les gros du pays et B... (Bidault, le notaire) à la tête. Il m'avait dit avant l'acquisition : « Cela ne convient qu'aux gens riches de ce pays-ci. » Un M. de Rhodes a eu là-dessus une querelle avec sa femme. Sa femme lui disait : « Comment avez-vous pu ne pas « acheter cela ? » Il s'en justifie de son mieux : il dit que c'était trop cher. Moi, je trouve qu'il aurait bien pu faire un petit sacrifice pour empêcher que cette forêt ne tombât en roture. Quel scandale, en effet, n'est-ce pas, qu'un si beau bien soit dans les mains de gens qui ne sont ni maires, ni préfets, ni généraux, ni marquis, ni négociants ! Cela crie vengeance. »

Dès lors, Courier désira surtout se rapprocher de ses bois pour en surveiller l'exploitation. C'est ce que prouve cette lettre écrite à Mme Courier le 29 janvier 1816 : « Quand nous serons nichés dans nos bois, sur les bords du Cher, il faudra nous y tenir et n'avoir de liaisons, d'amis ni connaissances qu'à Paris. »

Le lendemain, 30 janvier, il visite la Chavonnière et écrit à sa femme, le soir même : « J'ai vu I... (Isambert), sa maison est bien ce qu'il nous faudrait. Elle est plus simple que je ne l'aurais cru en la voyant de loin (1). Il dit qu'il ne veut pas la vendre. Cependant, il me l'a fait voir dans le plus grand détail, et il me la vantait du ton d'un homme qui veut faire valoir sa marchandise. Moi, je l'ai fort approuvé

---

(1) Robert Gaschet écrit : « Cette métairie, que rien ne désigne pour la demeure d'un homme célèbre, est pourtant connue du monde entier parce que Courier la posséda pendant sept ans. »

de ne point vouloir s'en défaire, et j'ai refusé de voir les appartements qu'il voulait aussi me montrer. »

Ce ne fut que deux ans après cette visite que se conclut définitivement le marché.

Courier partit de Paris le 16 avril 1818 pour venir à

Grande cuisine de la Chavonnière.

Tours. La veille, il écrivait à M. Raoul Rochette : « Monsieur, je n'aurai point l'honneur de dîner demain avec vous, parce que je pars pour la campagne, à mon grand regret, je vous assure. » Il était sans doute appelé par Mᵉ Petit, notaire à Tours (1), qui avait préparé l'acte de vente, et le 21 avril il

(1) Mᵉ Petit, Gatien, notaire de 1816 à 1825. Son successeur actuel est Mᵉ Pourreau, 60, rue Nationale. — Le notaire habituel de Courier était Mᵉ Bidault Noël-André, qui fut titulaire, de 1800 à 1833, de l'étude tenue actuellement par Mᵉ Vassor, rue Corneille, n° 3.

signait le contrat qui le rendait propriétaire de la Chavonnière.

Le mois suivant, M. et Mme Courier quittaient Paris et ses attraits pour s'installer définitivement dans leur nouveau domaine.

.·.

Courier ne posséda, autour de sa maison, que 12 hectares 30 ares de propriété ; mais ayant acheté, en 1823, de David Bacot-Conzay, négociant à Paris, « huguenot et pourtant honnête homme », l'importante maison de Beauregard (1), avec les closeries de la Bussardière (2) et de l'Harmerie, il se forma ainsi un domaine de 64 hectares, qu'il faisait cultiver par des domestiques, sous sa direction et celle de Mme Courier.

C'est de cette propriété de Beauregard qu'il écrit dans sa

---

(1) Courier ignorait sans doute que cette maison avait été habitée par d'autres protestants, et qu'elle connut les dragonnades. En 1685, à la révocation de l'édit de Nantes, il y fut mis une garnison de dragons, qui amena la conversion des habitants. Acte d'abjuration de Louise Soulet : « Le douziesme jour de décembre mil six cent quatre-vingt-cinq Louise Soulet a faict abjuration de son hérésie dans sa maison de Beauregard, par-devant nous Jean Couëseau, prestre, curé de Veret, et s'est convertie à la foy catholique, apostolique et romaine, en présence de M. Pierre Bonneau, prestre curé de la paroisse de Larçay, de Nicolas Montigny, lieutenant d'une compagnie de dragons du régiment de Grandmont, de Philippe Couëseau et de Jacques Pesse, marchand vinaigrier, tous de cette paroisse, fors ledit sieur Montigni. (*Signé*.) Louise Soulet, de Montigny, Bonneau, Couëseau, Pesse, et Couëseau, curé. » Le même jour, son mari, Pierre Soulet, sa belle-sœur, damoiselle Marguerite Soulet, de la Pidellerie, et Catherine Guier, leur domestique, s'étaient rendus en la chapelle du château pour faire leur abjuration.

(2) La Bussardière avait été achetée en remploi de la dot de Mme Courier.

Gazette du Village : « ANNONCE. — Paul-Louis vend sa maison
de Beauregard. La demeure est jolie, le site un des plus
beaux qu'il y ait en Touraine, romantique de plus, et riche
en souvenirs. Le château de la Bourdaisière se voit à peu
de distance. Là furent inventées les faveurs par Babeau, là
naquirent sept sœurs, galantes comme leur mère, et cé-
lèbres sous le nom des sept péchés mortels. Une desquelles
était Gabrielle, maîtresse de ce bon roi Henri, et de tant
d'autres à la fois féaux et courtois chevaliers. Par le seigneur
lui-même, père des belles filles et mari de Babeau, cette
terre fut nommée un « clapier à putains ». Vieux temps,
antiques mœurs ! qu'êtes-vous devenus ? On aura ces souvenirs par-dessus le marché en achetant Beauregard, voisin
de la Bourdaisière. On aura trente arpents de terre, vigne
et pré, grande propriété sur nos rives du Cher, où tout est
divisé, où se trouvent à peine deux arpents d'un tenant...
Source, tourelle, colombier, girouette, rien n'y manque.
Vol du chapon, jambage, cuissage, etc., nous en avons les
titres... Pour plus amples renseignements, s'adresser à
Paul-Louis, vigneron, demeurant près la dite maison, ou
château, selon qu'il en ira de la conquête des Espagnes. »

.˙.

Le domaine important que Courier s'était ainsi composé
par des achats successifs fut vendu et dispersé en 1827 (1).

M. de Siblas, de la Roche-Morin, acheta 5 hectares des
terres de la Chavonnière. Augustin Isambert, l'ancien propriétaire, qui n'avait jamais été payé, reprit le reste le
23 juillet 1827, avec tous les bâtiments. Beauregard fut

---

(1) L'inventaire de la succession Courier, dressé par Mᵉ Bidault,
le 22 avril 1825, présentait un passif de 124.310 fr. 81.

vendu, pour 24.000 francs, à M. Crespeau-Dutillet, ancien
capitaine de la garde : la forêt de Larçay, au baron Liébert,
de Nitray, en 1834.

.·.

Isambert donna la Chavonnière, par contrat de mariage,
en 1839, à sa fille, qu'il mariait au Polonais Auguste Kantarowicz, négociant à Tours. M. de Lary de La Tour possédait ce domaine en 1855, lorsqu'on y découvrit les traces
d'habitation gallo-romaine et le squelette dont nous avons
parlé plus haut.

Enfin, en 1872, Philippe Habert-Avenet en fit l'acquisition.
Son fils, Eugène Habert-Serrault, lui succéda il y a environ
25 ans, et il vient, à son tour, de l'abandonner à Charles
Habert, son gendre.

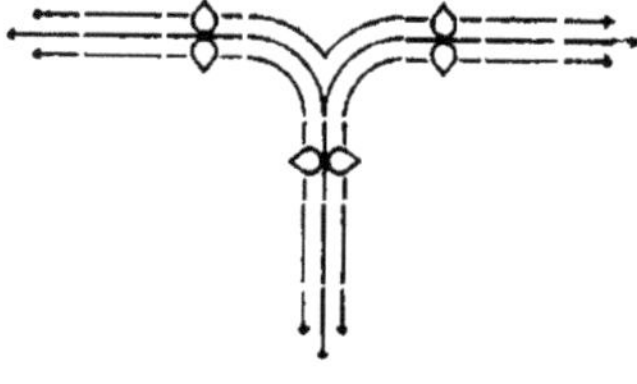

DEUXIÈME PARTIE

P.-L. Courier à la Chavonnière
Sa vie intime. - Son assassinat

Ici commence pour Courier une vie nouvelle.

Il espérait trouver en cette solitude la paix nécessaire à la continuation des œuvres commencées à Florence ou à Rome, et surveiller de près, à ses moments de loisir, l'exploitation de sa forêt, qui constituait son principal revenu.

Il eut peut-être aussi la pensée égoïste de cacher en ce désert, loin de Paris, le trésor de beauté qu'était sa jeune femme. La différence d'âge et d'éducation prêtait à la raillerie, éveillait les convoitises malsaines et poussait aux comparaisons désagréables. Le vieux soudard aux bonnes fortunes, habitué aux conquêtes faciles, ne craignit-il point que son trésor lui échappât, dans ce milieu mondain et pervers ? Ayant peut-être déjà ressenti les premières morsures de la jalousie (1), ne résolut-il point d'isoler sa

____

(1) Lettre du 25 août 1814 : « Tu ne me parles guère de toi. Tu n'entres dans aucun détail. Tu ne me dis point ce que tu fais, ce que tu vois, et sans doute tu ne peux tout me dire. Me conterais-tu, par exemple, tout ce qui s'est passé depuis mon départ, jusqu'au jour où vous partîtes pour la campagne ? » Lettre du 9 février 1818 : « Tout ce que tu fais, ce que tu penses, tout ce qui te vient à l'esprit, sans examen, il faut me le coucher par écrit. »

femme ? Certes, il lui avait bien promis de garder les
« liaisons, amis et connaissances de Paris » ; mais Paris serait bien loin et les voyages bien rares !

Quoi qu'il en soit, le résultat escompté ne se réalisa point ;
il ne trouva pas à la Chavonnière la paix et le bonheur qu'il
était en droit d'espérer : « Ce pays-ci est un enfer... Mais
enfin nous ne pouvons nous empêcher d'y demeurer au
moins quelque temps. Ma vie est bien changée, j'ai perdu
à la fois mon repos et ma santé... Tu vois ce que c'est que
ce pays (1). »

Pour Mme Courier, la transition avait été trop brusque ;
la différence de milieu était trop grande (2). Passer d'une
vie agitée, semée de distractions et d'imprévu, à une vie
plate et monotone ; abandonner une société bruyante et
policée pour se retrouver tout à coup isolée en ce désert,
loin de sa famille, entre des voisins hostiles ou grossiers et
un mari maussade et cacochyme, certes ce n'était pas sans
doute ce qu'elle avait rêvé d'un séjour à la campagne. Et
alors pénétra peu à peu en son cœur le dangereux ennui,
qui fait appel à tous les plaisirs et veut excuser toutes les
fautes !

----

(1) Lettre datée de la Chavonnière, du 5 janvier 1819, à Mme Courier.
(2) « Mme Courier, séquestrée dans une espèce de ferme dont il
faut traverser les cours en sabots si l'on ne veut pas enfoncer
dans la boue et le fumier jusqu'à la cheville... » (Armand Rivière.)
Me Faucheux, notaire à Tours, étant allé voir M. Courier, quelque
temps avant l'assassinat, a rapporté : « Qu'il fut très surpris de
l'aspect de cette habitation, qui ne différait pas des fermes d'alentour et ne ressemblait guère à une maison de maître. De la boue
dans les chemins qui y donnaient accès, de la boue dans la cour,
des tas de fumier sur lesquels se prélassaient les hôtes de la basse-
cour et d'où suintaient des ruisseaux noirs et squalides. A l'intérieur, des appartements dont le carrelage en briques portait les
empreintes boueuses des sabots des garçons de labour, et meublés
comme ceux des paysans. C'est dans ce milieu grossier et mal-
propre que vivait l'élégante Mme Courier. »

Courier, un intellectuel toujours préoccupé de pensées littéraires, absorbé en de continuelles rêveries, à l'esprit trop mûr et toujours tendu vers les beautés de l'Hellade(1), « vieux et bourru », comme il le dit lui-même imprudemment, ne fut point le mari idéal d'une femme jeune, ardente, consciente de sa valeur et de sa beauté !

A ces incompatibilités d'âge, d'humeur et de sentiments, vinrent s'ajouter les affaires de toutes sortes : procès, perquisitions (2), prison, querelles de voisins, vexations du maire et du préfet, embarras d'argent, absences prolongées et fréquentes, toutes choses fort désagréables qui ne purent manquer d'inquiéter Mme Courier, de troubler sa vie et de susciter en elle de tardifs et cuisants regrets.

Tous ces événements, si divers, devaient opérer une scission lente entre les époux et amener fatalement la désunion.

Pourtant, Courier semble avoir aimé tendrement sa femme. « Tout ce que j'aime est ici », avait-il dit à son ami Clavier ; aussi, pendant ses fréquentes absences, il lui écrit souvent et saisit toutes les occasions de la rassurer, de la flatter, comme pour se l'attacher davantage, comme s'il craignait déjà de la perdre : « Ne te tourmente point, tout s'arrange avec le temps ; l'essentiel, c'est la santé. Ce qu'Hyacinthe t'a dit de ma réputation doit te rassurer pour l'avenir. La réputation à Paris vaut mieux que l'argent et pro-

______

(1) « Mes livres font ma joie. Je m'ennuie quand on me force à les quitter, et je les retrouve toujours avec plaisir. » (Lettre du 10 septembre 1793.) « Je ne regarde comme perdu dans ma vie que le temps où je ne puis jouir agréablement de mes études grecques. » (Lettre du 25 février 1794.)

(2) Une perquisition eut lieu à la Chavonnière, en l'absence de Courier, vers le 20 juillet 1822, à propos de sa pétition d'Azay, pour laquelle il fut de nouveau poursuivi en police correctionnelle le 26 novembre 1822, mais acquitté.

cure l'argent. Nous ne devons pas craindre d'être jamais embarrassés Je crois que mes premières lettres t'ont inquiétée, tu verras par les lettres suivantes que tout s'arrange. Quand on saura à Tours que nous avons à Paris des gens qui pensent à nous, on nous laissera tranquilles. Je sèche, je meurs d'ennui. Mon impression étant finie, il me tarde d'être auprès de toi et de notre enfant. »

L'inquiétude de Mme Courier est grande, en juin 1821, lors des poursuites pour le pamphlet de Chambord (1) : on sent qu'il est lui-même fort troublé, et il se fait plus tendre : « Sois tranquille, lui écrit-il, j'ai pour moi tout le monde. Ne t'inquiète point. On croit probable que je m'en tirerai. Adieu, cher ange. J'espère comme toi que notre Paul sera bon ; mais il faut qu'il vive avec nous, ou du moins avec toi (2). Ainsi, soigne ta santé, d'où dépend la vie de nous trois. »

Le 28 août 1821, il est condamné à deux mois de prison et 200 francs d'amende ; il écrit à sa femme, le lendemain, pour lui adoucir la condamnation : « Je devrais être ivre de louanges et de complimens ; j'en ai reçu hier à foison de toutes parts. » Un peu plus tard, il lui dit : « L'homme qui fait de jolies chansons (Béranger) disait l'autre jour : A la place de M. Courier, je ne donnerais pas ces deux mois de prison pour cent mille francs. Ne me plains donc pas trop, chère femme, si ce n'est d'être séparé de toi. »

Il entre en prison le jeudi 11 octobre 1821, et il écrit

____

(1) Courier n'avait point été appelé à donner son avis sur la souscription de la commune de Véretz pour l'acquisition de Chambord. Il n'y en a aucune trace dans le registre des délibérations. Il ne connut sans doute cette souscription que par son journal. D'ailleurs, Chambord fut acheté le 7 mars 1821 et le *Simple Discours* ne parut qu'en mai. Ce ne fut donc pour lui qu'un prétexte pour « fronder un petit ».

(2) Cette expression rappelle involontairement leur différence d'âge.

aussitôt : « Sois tranquille sur mon compte; je suis bien
logé, bien nourri... logement sain, air excellent. J'espère
n'être point malade. Je suis dans une chambre grande
comme ta chambre jaune. Nous avons une promenade
grande comme le quartier de terre à Isambert... Adieu, trésor. Embrasse le cher Paul... J'ai reçu tes divines lettres.
J'en ai eu trois à la fois qui m'ont rendu bien heureux.
Je t'avoue que l'endroit où tu me parles de tes talents enfouis, perdus, m'a fait pleurer (1). . J'ai vu le député... il
est de mon âge et il a une jeune femme. Mais cette femme
n'est pas une Minette; elle aime la dépense et le plaisir...
Héloïse doit m'apporter ton portrait... On verra l'ange dans
la prison, ou du moins son image... Un M. Hénin s'est
vanté de te connaître... Il dit que tu es belle, que tu vaux
un trésor... »

Jusqu'en 1824, Courier paraît avoir été un bon mari et
un bon père. Ses lettres sont tendres et empreintes de l'ado-
ration qu'il semble avoir pour sa femme; elles expriment
le bonheur éprouvé pour les bonnes qualités qu'il voyait
éclore en son petit Paul : « Je meurs d'impatience de me
revoir auprès de toi et de notre cher enfant : sans vous deux,
je n'existe pas. » (Août 1821.) Et cette autre, des 3-4 novembre 1821 : « Que je serais heureux avec toi et notre cher

-----

(1) « Cette lettre n'est-elle pas un trait de lumière et une révé-
lation des mystères du cœur de cette malheureuse femme? Elle
sent sa valeur, elle a conscience de sa jeunesse, de sa beauté, de
ses talents, et tout cela est perdu dans un hameau, où elle ne vit
qu'avec des garçons de ferme et des fagoteurs. L'ennui et les
vagues tristesses de la solitude l'oppressent. Oh ! qu'il faut qu'elle
ait bien pleuré sa jeunesse et ses talents enfouis, pour avoir ainsi
fait pleurer son mari au récit de ses peines intimes ! Quand une
femme se trouve dans cet état de l'âme et du cœur, l'ennemi est
bien près de franchir le seuil de la chambre nuptiale, et un effort
surhumain lui est nécessaire pour ne point succomber à la tenta-
tion. » (Armand Rivière.)

Paul ! Il faut lui garder toutes nos lettres, afin qu'il voie quelque jour combien il a été aimé. Je ne puis me consoler d'avoir perdu celles de mon père. »

Mais ces sentiments sont-ils bien sincères ?... On remarquera que, dans ses lettres, les expressions de tendresse augmentent avec ses craintes ou ses déboires. N'y trouverait-on pas également les signes manifestes d'une jalousie inquiète, et ne la laisse-t-il pas percer d'une manière trop évidente lorsqu'il complimente sa femme de ce qu'elle n'est pas allée à un déjeuner chez M. de Siblas, pendant qu'il était en prison ? « Tu as bien fait de ne pas aller à ce déjeuner... car il eût été mal de voir du monde en mon absence. Cela aurait fait croire que je te tenais malgré toi dans la solitude... » Et que penser de cette autre lettre presque injurieuse ? « Mon bonheur dépend de toi...: douces paroles dont peut-être tu ne te souviens plus. C'est pourtant de ta dernière lettre... » (25 août 1814.)

Un sceptique blasé comme Courier, si habile à manier l'ironie, si habitué à exprimer dans ses pamphlets, — où il déploie plus de talent que de sincérité (1), — des émotions qu'il ne ressent point, à communiquer au public des impressions qu'il n'éprouve pas, était-il capable de sentiments bien profonds ?

Quoi qu'il en soit, vrais ou faux, que pouvait en penser Mᵐᵉ Courier ? Sa foi conjugale n'avait-elle pas été déjà mise à une rude épreuve lorsque son mari partit pour le Havre,

---

(1) Courier, dans ses écrits, est peu soucieux de la vérité ; il ne pense qu'à la perfection de la forme et ne vise qu'à l'effet. Partout il néglige la vérité pour ne voir que le but; il ne s'embarrasse point d'être exact, sincère et précis. On pourrait dire de lui ce qu'il disait lui-même de Plutarque : « C'est un plaisant historien.. son mérite est tout dans le style. Il se moque des faits et n'en prend que ce qu'il lui plaît, n'ayant souci que de paraître habile écrivain. Il ferait gagner à Pompée la bataille de Pharsale si cela pouvait arrondir tant soit peu sa phrase. »

quelque temps après leur mariage, et ce départ, brusque, inopiné, ne ressemblait-il pas singulièrement à un abandon ? Et plus tard, lorsqu'il pensa sérieusement à s'embarquer pour l'Amérique, avec La Fayette qui l'invitait à l'accompagner dans son voyage ?...

L'intelligence supérieure d'Herminie et le flair subtil des femmes pour tout ce qui touche aux sentiments humains ne la firent-ils pas douter d'une sincérité si mal établie ? Son cœur n'en fut-il point profondément blessé ?... Rien de semblable n'apparaît pourtant dans la correspondance des époux, et tout porte à croire qu'elle fut fidèle à son mari jusqu'à son aventure avec Pierre Dubois.

.*.

Mme Courier avait pris, depuis quelques années, l'habitude de débrouiller seule, en l'absence du maître, les multiples affaires concernant l'exploitation des biens : vente des produits de la culture, location des domestiques, etc... M. Courier, tout entier à ses travaux littéraires, lui abandonna à peu près complètement la direction de la ferme, « heureux que Dieu lui ait donné une femme valant mieux que lui pour ses intérêts temporels », se réservant seulement la surveil'ance de la forêt.

Elle se trouvait ainsi en relations constantes avec des paysans mal dégrossis, des commerçants retors, dont il lui fallait deviner les roueries; des domestiques indociles ou peu polis qu'il fallait commander et reprendre. Elle perdit à ce contact la délicatesse naturelle dont elle était douée et la bonne éducation qu'elle avait reçue dans sa famille : la douce Minette, subissant l'influence du milieu, devint une fermière hardie et délurée. Très vite adaptée à son nouvel état, elle fut bientôt une paysanne accomplie, « semant des châtaignes avec les domestiques », trayant parfois les vaches avec les fi les de basse-cour (1), se mêlant continuellement à ses serviteurs, prenant part à leurs bavardages et à leurs querelles (2).

Elle était « aimable » avec ses voisins des Naudries et des Desrés, s'arrêtait volontiers à causer avec eux, écoutant leurs plaintes, compatissant à leur misère et cherchant à la soulager. Elle passait pour une dame « pas fière ». On la priait parfois d'assister aux noces; c'est ainsi qu'elle fut présente, en la mairie de Vérelz, au mariage de René Dubreuil, son tonnelier de Larçay, le 27 février 1821, où elle fut galamment invitée par le maire, M. Debeaune, à signer au registre.

Mais sa bonté fut exploitée par tout son entourage et les affaires périclitèrent sous sa direction.

.·.

Ce fut le 24 juin 1823 que Pierre Dubois entra à la Chavonnière comme laboureur et charretier. Il était marié depuis quelques années. « C'était un type remarquable et distingué de paysan (3) », originaire de Cheillé, près d'Azay-le-Rideau, d'une taille un peu au-dessus de la moyenne, l'air avenant, s'exprimant mieux que les paysans

---

(1) Il y avait, dit-on, pour l'exploitation, sept domestiques et presque toujours deux ou trois journaliers; dans les écuries, cinq vaches, trois chevaux de labour, un cheval de voiture et un âne. A la mort de Courier, il y avait comme domestiques : Symphorien, René Saget, Frémont, Barier, Marie Jamme, Françoise Gauthier et Marguerite Dupuis.

(2) « Aussi bonne que Courier était dur, d'un caractère tolérant et facile, elle aimait à causer familièrement avec les domestiques et riait de bon cœur quand ils taquinaient de leurs plaisanteries grivoises François Sauvineau, le pauvre innocent du pays, lorsqu'il venait mendier à la Chavonnière. » (L. André.)

(3) Armand Rivière.

ordinaires et de manières plus courtoises. Il avait tout ce qu'il fallait pour plaire.

Courier était déjà vieux, ses cinquante-un ans étaient sonnés. Il était grand, mais voûté, la tête inclinée sur le côté droit; il était laid (1), avec ses grosses lèvres, son visage tout troué de petite vérole (2) et sa tenue habituellement négligée. Il grisonnait déjà, toussait continuellement, crachait le sang de temps à autre. et avec cela toujours pensif et peu causeur dans son ménage (3).

Mme Courier, en pleine jeunesse, se lassa de ce rêveur éveillé, dont la société était si peu amusante. « Si Dieu m'a créé bourru, bourru je dois vivre et mourir, lui avait-il écrit, et tous les efforts que je ferais pour paraître aimable ne seraient que des contorsions qui me rendraient plus maussade. D'ailleurs, veux-tu que je te dise ? Je suis vieux maintenant et je ne puis plus changer. » Mais ces déclarations imprudentes et égoïstes ne satisfaisaient guère une femme de 28 ans ! Elle s'éprit donc peu à peu de Pierre Dubois, cet « Apollon » de même âge qu'elle (4).

Au mois de février 1824, Pierre fit entrer dans la maison

---

(1) Dalayrac écrit : « Courier était grand, mince, maigre; il avait une bouche énorme, de grosses lèvres, et la petite vérole avait stigmatisé son visage; en un mot, il était fort laid. Mais cette laideur, qui n'avait rien de repoussant, était rachetée par une conversation animée, piquante, instructive. »

(2) « Cette petite vérole est pourtant bonne à quelque chose, c'est une excuse pour les laids. Moi, par exemple, ne puis-je pas dire que sans elle j'étais joli garçon ? » (Lettre de Milan, 12 octobre 1809.)

(3) Signalement de la police, 1823 : teint brun et bilieux; physionomie brusque et dure; marchant un peu courbé et la tête penchée sur le côté droit; mal mis et sale dans son costume; portant toujours une cravate noire...

(4) « Courier porte la responsabilité de circonstances lointaines et complexes qui, peu à peu, à travers la succession des années, ont abouti à cette déchéance. » (L. André).

son frère Symphorien, de deux ans plus jeune, et que l'on appelait habituellement Phorien. Cette femme passionnée le prit aussi pour amant, quoique Pierre restât le préféré.

Le garde, Louis Frémont, a raconté plus tard qu'il avait fait un trou dans les volets de la chambre jaune pour voir la dame prendre ses ébats avec Pierre Dubois. Ils se rendaient souvent à Tours, dans les hôtels, et chez un nommé Arrault, jardinier rue de Villeperdue, frère d'un de ses bûcherons. Elle n'eut bientôt plus de retenue et oublia toute prudence : elle l'accompagnait aux assemblées, dansant avec lui, buvant publiquement dans son verre. Elle ne se gênait nullement devant son monde, et recevait les deux frères à sa table (1).

Le voisinage s'aperçut vite de l'inconduite de la dame de la Chavonnière. On en jasa, on en rit « sur les hauts de Véretz »; mais elle était si jeune, si affable, si bonne personne que tous les rieurs furent de son côté. Pourquoi ce vieil avare avait-il pris une si jeune femme, qu'il rendait malheureuse, et qu'il était venu cacher en cette campagne par jalousie?... Enfin, si elle n'était pas approuvée ouvertement, elle était excusée par tous, et tous étaient persuadés qu'elle s'était mariée contre son gré, qu'elle était une sacrifiée, une victime. Cette inconduite lui valut plutôt toutes les bienveillances, et augmenta d'autant la haine contre le vieux mari.

*
* *

M. Courier, au contraire, était peu considéré dans son voisinage : il inspirait plus de crainte que de sympathie.

____

(1) La fille Brisson, femme de chambre, fut renvoyée pour avoir fait des réflexions sur les amants. La femme de Frémont avait vu un jour Mme Courier, dans l'écurie, assise sur le lit où Pierre Dubois était couché.

Les paysans n'appréciaient guère sa littérature et son grec.
Ils étaient plus sensibles aux réformes qu'il avait introduites
dans les usages de l'exploitation de sa forêt. Ce bien national, — anciennement aux archevêques de Tours, dont
l'État s'était emparé à la Révolution, — était autrefois
comme la propriété des pauvres de Véretz et Larçay, qui
ne se gênaient guère pour couper et emporter le bois à leur
convenance, chacun y pouvant aller prendre à volonté la
bruyère dont il avait besoin pour servir de litière à ses
animaux.

Courier supprima tous ces usages, et prit un garde,
Pierre Clavier, dit Blondeau, qui avait la réputation d'être
sévère et peu commode : déjà il avait été garde du parc de
Véretz, puis garde champêtre de la commune, révoqué en
1811. Il reçut de son maître l'ordre de surveiller de très
près les fagoteurs et de vendre la bruyère. Ce fut un grand
émoi dans le pays, et une haine sourde naquit contre ce
propriétaire avare qui voulait affamer le pauvre monde (1).

Malgré la surveillance active de Blondeau, des vols furent
commis, la nuit, dont l'un relativement important : plusieurs chênes coupés et emportés par des habitants de Véretz. Le garde connaissait les voleurs ; il n'y avait plus qu'à
constater le larcin par une visite domiciliaire. Personne
ne voulut s'occuper de cette affaire : les choses se passaient
ainsi depuis longtemps ; c'était une sorte de « droit
d'usage ». Le maire refusa d'opérer et d'autoriser la perquisition : le garde se fâcha et dit au maire : « Allez vous
faire foutre, alors !... Je me fous de vous. » Ce fut l'origine
d'un procès, où le « pauvre Blondeau » fut condamné, et
d'un pamphlet acerbe où M. Debeaune fut traîné aux gémo-
nies ; mais Courier ne rentra pas en possession de son bois.

A l'encontre de sa femme, Courier était peu communi-

---

(1) Les paysans l'appelèrent le « rogneur de portion ».

catif, peu familier avec les paysans de Véretz, et sévère envers son monde. Il semblait toujours sombre et préoccupé, ne parlant à personne, veillant de très près à ses affaires, examinant tout par lui-même, mesurant les cordes de bois et les fagots, gourmandant son garde lorsque le travail n'était pas fait suivant les dimensions données. En un mot, il passait pour un avare et un « original », un homme fier et méprisant (1).

Il fréquenta très peu de personnes à Véretz, ainsi qu'il se l'était promis. Pourtant il fut assez lié avec M. de Siblas, son voisin, qui venait aussi de s'établir à la Roche-Morin, tout près de la Chavonnière (2).

Il se rencontrait, au bourg, avec M. Drumel, ancien capitaine retraité, chevalier de la Légion d'honneur, qui avait succédé à M. Debeaune dans les fonctions de percepteur; avec M. Girardot, également ancien capitaine, chevalier de Saint-Louis, qui demeurait aussi au bourg. Il fréquenta surtout le bon curé Marchandeau, vieillard de 80 ans, qu'il poursuivait de ses saillies grivoises.

C'est sur le « mail » du Bacchus, sous l'ombre épaisse des tilleuls, et au gazouillis perlé de la jolie fontaine, que s'installaient, après la messe, les danses auxquelles Courier fait allusion dans son pamphlet d'Azay. Là, en attendant sa femme, occupée chez les marchands du bourg à faire les provisions de la semaine, il se promenait parfois avec le

---

(1) La tradition est ici en contradiction avec Armand Rivière, qui écrivait, en 1863, dans *la Loire illustrée* : « Et les vrais paysans, qui n'avaient pas eu de démêlés avec lui, trouvaient qu'il n'était pas fier et qu'il parlait poliment au pauvre monde. » Nous croyons pourtant devoir maintenir cette assertion, que tous les faits connus et la tradition locale ont confirmée.

(2) Il reçut plusieurs fois à la Chavonnière un autre de ses voisins, François-Alexis Besnard, demeurant à la Fontaine, grand-père du philosophe d'Azay mort en 1902 (renseignement communiqué par M. le commandant Serrault, d'Azay-sur-Cher).

vieux prêtre, le long de l'église, lui lançant des lazzi « à la housarde », lui faisant remarquer les frais minois ou les mollets ronds des jeunes filles, et autres brocards trop libres, qui gênaient un peu le vieillard.

Ce prêtre, bon et tolérant, était très aimé de ses paroissiens. Il avait été assermenté, à la Révolution ; il ne pourchassait point la danse avec âpreté comme les jeunes séminaristes d'Azay (1) et de Fondettes. Bien que le maire de Véretz, Doudon-Leduc, eût pris un arrêté, le 26 janvier 1816, par lequel il défendait les danses publiques les dimanches et fêtes (2), le bon prêtre laissait danser, et il lui

---

(1) Le jeune abbé Bruneau.

(2) Le maire, Doudon, voulait faire du zèle politique. Il sentait qu'avec l'Empire qui venait de s'écrouler, sa place de maire allait lui échapper. Alors, il prit le curieux arrêté ci-après qui, d'ailleurs, ne l'empêcha point d'être débarqué l'année suivante :

« Le maire de Véretz, considérant qu'il est de sa sollicitude et de sa surveillance de maintenir le bon ordre, de garantir la tranquilité (sic) des habitans ; 1° de faire respecter la liberté des cultes religieux, et d'empescher qu'il ne soient troublé dans l'intérieur des églises, soit par des attroupement, des clameurs et des désordre venant des maisons ou des rues voisines : 2° vu l'ordonnance du roi du 13 novembre 1725 contre les indécences qui se commettent dans les églises, renouvellée par une autre donnée à Marli le 7 mai 1749 ; 3° de fermer à des heures convenables les cabarêts, sales de danses et autres lieux de réunion publique ; 4° vu larrest du conseil d'Etat du roi du 4 janvier 1724, les ordonnances de Charles IX donnée à Orléans en 1560 ; les lettres patantes de François Ier du 7 janvier 1520, celle d'Henry III donnée à Blois en 1579 confirmée par une ordonnance de Louis XIII en 1610 et par celle de Louis XIV du 16 décembre 1698 registrée en parlement le 31 du même mois qui senonce en ces termes : Que le service divin soit célébré avec toute la décence et la dignité convenable, Nous ordonnons que les articles 23, 24 et 25 de lordonnance d'Orléans et le 38 de lordonnance de Blois portant deffenses de tenir foire, marchés et danses publiques les dimanches et les feste, d'ouvrir les jeux de paume et cabarêts pendant les heures du service divin tant les matins que les après dinées, soient exécutés,

arriva souvent, au sortir de son église, d'être brusquement
emprisonné dans une ronde de jeunes filles. Loin de s'en
fâcher, il riait d'un bon rire bienveillant et paternel, les
priant seulement de le laisser aller (1).

C'est de ce bon curé que Courier écrit : « On se rend à
Véretz parce que là nul arrêté n'a encore interdit la
danse (2). Car le curé de Véretz est un homme sensé, instruit, octogénaire quasi, mais ami de la jeunesse, et trop
raisonnable pour vouloir la réformer sur le patron des
âges passés... C'est devant sa porte qu'on danse, et devant
lui, le plus souvent. Loin de blâmer ces amusements, qui
n'ont rien en eux-mêmes que de fort innocent, il y assiste
et croit bien faire, y ajoutant par sa présence et le respect
que chacun lui porte un nouveau degré de décence et
d'honnêteté. Sage pasteur, vraiment pieux, le puissions-
nous longtemps conserver pour le soulagement du pauvre,
l'édification du prochain et le repos de cette commune,
où il maintient la paix, le calme, l'union, la concorde (3) ! »

Courier, « un peu payen », comme il le dit lui-même,

---

de punir les contrevenant par condamnation d'amande et autres
peines plus grandes s'il y échet, suivant l'exigence des cas.
5°... Arrête : L'adjoint et le garde champêtre sont chargés, etc...
« A la mairie de Véretz, le 26 janvier 1816.
« *Signé :* DOUDON LEDUC, maire. »

(1) Renseignement communiqué par M. Stanislas Meusnier,
dont la mère était la lingère de P.-L. Courier et dont l'oncle,
Abraham Milandre, était le barbier.

(2) Courier ignorait l'arrêté du 26 janvier 1816.

(3) « Pétition pour des villageois qu'on empêche de danser », du
15 juillet 1822. Il se plaît à rendre hommage aux prêtres tolé-
rants : « Le curé d'Azay, dit il (l'abbé Guéry), n'avait pas moins de
modération et s'était fait une famille de tous ses paroissiens... »
Nous croyons devoir faire remarquer qu'il n'y eut ni arrêté du
maire d'Azay, ni « firman » du préfet pour empêcher la danse.
M. Louis Paul Boncour, conseiller de préfecture à Tours et propriétaire en la commune d'Azay-sur-Cher, a fait plus minu-

était trop sceptique pour aller à la messe ; mais Mme Courier y allait parfois, soit seule, dans sa voiture attelée du petit cheval rouge qu'elle conduisait elle-même, soit conduite par son mari, qui l'attendait ensuite chez Girardot. Elle rendait, ainsi que sa mère, Mme Clavier, d'assez fréquentes visites au curé de Véretz, qui venait d'ailleurs lui-même, de temps en temps, à la Chavonnière. Quo'que incrédule, Courier se plia pourtant, comme tant d'autres, à tous les usages religieux : il se maria religieusement, ses deux enfants furent baptisés et il fut enterré par l'Église. Néanmoins, il attaqua, avec une habileté qui n'a jamais été égalée, la confession et surtout le célibat des prêtres, qu'il considérait avec raison comme un danger social, capable

---

tieuses recherches à la préfecture et n'a trouvé que cette lettre, écrite au maire d'Azay par le secrétaire général :

« Tours, le 16 avril 1822.

« MONSIEUR LE MAIRE,

« Je suis instruit que, dans la nuit du lundi au mardi de Pâques, il a été chanté sous les fenêtres de M. le curé d'Azay une ancienne chanson licencieuse dans laquelle on fait figurer son nom, et que vous vous êtes contenté de faire venir chez vous les auteurs d'une action aussi répréhensible. Je suis très étonné que vous n'ayez pas poursuivi devant la police correctionnelle les cinq ou six individus qui y ont pris part.

« Je sais aussi que les jeunes personnes et les jeunes gens du bourg ont choisi la place en face de l'église pour lieu de rassemblement et de danse les dimanches. Vous devez penser combien ce choix est inconvenant. Usez, je vous prie, de votre autorité pour éloigner du lieu saint des danses, qui deviendraient répréhensibles si elles portaient atteinte au respect que nous devons tous à la religion que nous professons. Vous avez sûrement d'autres lieux de rassemblement, soit dans le bourg, soit à proximité, qui peuvent remplacer très convenablement la place de l'église pour les plaisirs de vos administrés.

« Recevez, etc...

« Le Secrétaire général,
« A. DE LA FRILLIÈRE. »

Voilà le « firman » du préfet !

de conduire les jeunes aux crimes horribles d'un Maingrat (1). « Quelles sources d'impureté, de désordres et de corruption que ces deux inventions du pape, le célibat des prêtres et la confession ! Que de mal elles font ! Que de bien elles empêchent ! »

L'ironie, âpre et cinglante, que Courier déploie, dans beaucoup de ses ouvrages, contre les mœurs, l'ignorance et le despotisme du clergé de son temps, l'a fait ranger au nombre des ennemis de l'Eglise : aussi est-il haï des prêtres, qui ne lui ont jamais pardonné ses incursions satiriques dans le domaine théocratique : « Sous la Restauration, écrit l'abbé Chevalier, le petit manoir de la Chavonnière abrita un pamphlétaire incisif, âcre, mordant, *venimeux* même. Nous voulons parler de Paul-Louis Courier, le célèbre « vigneron de Véretz », qui fit une guerre si acharnée et si dangereuse à la Restauration. Très libéral dans ses écrits, Courier était un véritable despote dans son intérieur (2). »

Le 8 septembre 1918, lorsque fut posée la plaque commémorative de la Chavonnière, le curé de Véretz tonna dans sa chaire contre « ce païen, ce déserteur, cet ennemi acharné de la religion et de ses ministres... »

Après une longue absence, Courier revint à la Chavonnière, au mois de mai 1824. Il ne tarda pas à apprendre ce

___

(1) Maingrat, curé de Saint-Opre et de Saint-Quentin (Isère), tua et découpa en morceaux deux de ses pénitentes.

(2) Abbé Chevalier (1869), *Promenades en Touraine*, p. 274. — Nous pourrions lui renvoyer tout son « venin » par ce quatrain célèbre :

L'autre jour, au fond d'un vallon,
Un serpent mordit Jean Fréron.
Savez-vous ce qu'il arriva ?
Ce fut le serpent qui creva !

qu'il soupçonnait peut-être déjà. Frémont, son garde, qui était avec lui le plus familier de tout son personnel, l'instruisit probablement de ses malheurs conjugaux, dont se défrayait depuis longtemps la gazette du village.

En outre, il trouva une situation obérée, des dettes criardes, un désordre inextricable, et il entrevit la ruine à brève échéance.

Il reprit en main la direction des affaires et se fit plus avare encore.

A l'insu de son mari, Mme Courier avait fini par donner la permission aux habitants de Véretz d'aller à la bruyère dans la forêt, en payant 3 francs par an. M. Courier s'empressa d'abolir toutes ces permissions.

Depuis des mois, Mme Courier achetait à Tours une foule de choses inutiles qu'elle ne payait pas ; mais, lorsque les créanciers apprirent que M. Courier était de retour, ils accoururent à la Chavonnière, et c'est alors seulement qu'il connut à quels gaspillages ruineux elle s'était livrée en son absence.

Enfin, le 18 juillet 1824, un armurier de Tours vint réclamer le montant d'une facture s'élevant à cent cinquante francs, pour un fusil de chasse acheté par Mme Courier. Il paya l'armurier ; mais il alla aussitôt demander à sa femme des explications au sujet de ce fusil, et elle dut avouer qu'elle l'avait donné à Pierre Dubois. Courier fit aussitôt appeler le domestique : « Madame m'a donné cette arme pour la garde de la maison », répondit Dubois, et il lui fallut remettre immédiatement le fusil, qu'il avait caché dans l'écurie. Saisissant ce prétexte pour se débarrasser de son rival, Courier fit entrer Dubois dans son cabinet, afin de lui régler son compte. Il y eut là, entre les deux hommes, une dispute violente, qui ne fut entendue qu'en partie par Marie Jamme, la femme de chambre. Elle entendit Courier qui criait : « Comment, coquin, scélérat, tu viens me menacer chez moi, et tu oses me dire que tu ne sortiras pas ! Tu mériterais que je te fisse prendre par les gendarmes. »

Pierre Dubois quitta la Chavonnière le soir même.

.*.

On ne sait guère ce qui se passa au logis ce soir-là, et quelle attitude prit la coupable en cette terrible occurrence : mais les époux furent pour toujours désunis, ils ne mangèrent plus ensemble, et dès lors éclatèrent de fréquentes querelles, dont les domestiques entendaient le bruit.

Quelques jours plus tard, Mme Courier fit seller son petit cheval, partit pour Tours (1) et se cacha rue de Villeperdue, vers Lariche, chez le jardinier Arrault, où elle était allée déjà avec Pierre Dubois.

Fit elle avertir ce dernier et vint-il l'y rejoindre?... Les investigations de la justice auraient dû se concentrer davantage sur ce point, car c'est peut-être en cette minute de désespoir que naquit la première idée du crime contre le mari.

Courier restait seul au logis. Désorienté devant ces terribles événements, effrayé aussi du scandale que cette fuite précipitée allait soulever dans le pays, au grand plaisir de ses ennemis, il résolut de rechercher l'infidèle et de la reprendre. Il alla donc à Tours et descendit à l'auberge du Cygne, en la rue Chaude (2), afin d'interroger d'abord Mme Freslon, son hôtelière, qu'il soupçonnait d'être dans le

---

(1) En passant à Véretz, elle remit à M. Gérier, adjoint de la commune, la clef du secrétaire de Courier, en le priant de la lui faire porter par la femme Frémont ; de l'informer en même temps qu'elle allait acheter de la paille au Pavé de Saint-Avertin, et qu'elle reviendrait vers 8 heures du soir. Arrivée à Tours, elle descendit à l'hôtel du Cygne et renvoya son cheval, le lendemain, par un valet d'écurie.

(2) Aujourd'hui rue Gambetta.

secret. En effet, après de longues réticences, elle finit par
lui faire connaître la retraite de Mᵐᵉ Courier. Il s'y rendit
eut une entrevue avec sa femme et l'accord se fit entre eux :
le soir même, il la ramenait au domicile conjugal, dans
son cabriolet garni de drap bleu. Ménélas avait repris son
Hélène !

Mais Mᵐᵉ Courier était enceinte de six mois à ce moment-
là. Au commencement d'octobre, elle voulut partir pour
Paris, afin de faire ses couches chez sa mère : M. Courier
s'y opposa formellement, malgré l'obstination et les pleurs
de Mᵐᵉ Clavier, qui voulait l'y emmener pour éviter les
médisances. C'est ce jour-là que l'ancien instituteur, Louis
Doudon, apprenant à lire au petit Paul, entendit Mᵐᵉ Cla
vier s'écrier, en traversant la chambre où il se trouvait :
« Faut-il qu'une fille soit cause de mon malheur ! »

C'est en ces jours-là, aussi, que Doudon, en posant sur
la table les lettres de l'alphabet en bois d'acajou, aperçut,
ouverte et déployée, une grande feuille en tête de laquelle
étaient ces mots : « Sentence du parlement de Rouen ». Elle
était écrite de la main de Courier. C'était la relation d'un
procès entre un mari et sa femme. Cette sentence déclarait
la femme « putain charretière », et la condamnait comme
telle.

Mᵐᵉ Courier accoucha donc à la Chavonnière (1) le 19 octobre 1824 ; Courier ne voulut pas se rendre à la mairie
pour déclarer l'enfant, et Mᵐᵉ Clavier pria M. Herpin, le
médecin qui avait fait l'accouchement, de s'occuper des
formalités de l'état civil.

---

(1) « Vous savez que nous avons un gros garçon de plus. .
Accoucher en paysanne, c'est la bonne manière, et jusque dans le
septième mois de sa gestation, Mᵐᵉ Courier montait à cheval et
même faisait des chutes... » (Lettre à M. Gasnault, avoué à Paris,
octobre 1824.) Cet enfant fut mis en nourrice chez le tonnelier
Dubreuil, à Larçay.

.

Pierre Dubois demeurait au village du Rang-du-Bois, en la commune d'Esvres, à deux lieues de là. En quittant la Chavonnière, il alla d'abord faire la moisson à Cheillé, puis il travailla comme bûcheron dans les bois de la Duporterie, et un peu plus tard dans la forêt même.

Comme bûcheron à la tâche, il restait plus libre de ses actions et pouvait, par son frère ou par les autres fagoteurs, avoir des nouvelles de la Chavonnière, surveiller les absences du maître pour accourir près d'Herminie (1). Peut-être même un hasard heureux, au fond des bois, permettrait-il de se débarrasser... En tout cas, il devenait un danger permanent pour Courier.

A cela, le pamphlétaire ne pouvait rien ; mais ce qui étonne profondément d'un homme aussi rempli de bon sens et de perspicacité, c'est qu'il ne comprît pas qu'il restait encore dans la place un terrible ennemi, qui serait fatalement le trait d'union entre les coupables, le complice de leurs intrigues, l'espion qui observerait tous ses mouvements et ameuterait contre lui tout son monde. Non, nous ne comprenons pas pourquoi il garda à son service Symphorien Dubois !

Il ignorait sûrement que sa femme avait eu les deux frères pour amants. Mais le seul fait d'avoir chez lui le frère de l'amant de sa femme, le frère d'un domestique qui, au départ, avait été assez audacieux pour le menacer, était de sa part un manque de tact, de goût et d'amour-propre, en même temps qu'une faute énorme. Les deux frères devaient

---

(1) Elle ne cessa pas d'être en relation, par correspondance, avec Pierre Dubois, à qui elle écrivit fréquemment à Cheillé, et qui est probablement l'homme aux souliers ferrés que Marie Jamme avait entendu, dans la nuit du 15 au 16 août 1824, causer avec sa maîtresse dans le corridor.

être chassés de la Chavonnière le même jour, et le crime, peut être, eût été évité.

Un des inconvénients les plus graves de la présence de Symphorien dans la maison était de tenir en rapports constants Pierre Dubois et Mme Courier ; il servait d'intermédiaire pour l'échange des correspondances entre les amants ; il recevait leurs confidences et les transmettait ; il était de tous leurs projets, de tous leurs complots, et leur ménageait adroitement des entrevues, même à la Chavonnière.

Cependant, le dimanche 2 janvier 1825, ce fut Frémont qui introduisit Pierre dans la ferme : il était tard, environ 11 heures du soir : ils revenaient de Véretz, où ils avaient bu ensemble, dans le cabaret tenu par Pissard. Mme Courier, — prévenue on ne sait par qui, — à moitié vêtue, en jupon, les rejoignit dans la cour, où ils causèrent ; puis Frémont, les laissant seuls, regagna sa chambre.

Mais M. Courier, occupé à sa traduction d'Hérodote, n'était pas couché. Ayant entendu monter Frémont, il l'appela. Celui-ci lui apprit la présence de Dubois dans la ferme. Courier prit son fusil et descendit en toute hâte ; il arriva dans la cour au moment où Pierre Dubois s'en allait. A la porte, il avait croisé et même un peu bousculé sa femme pour sortir, au moment où elle-même rentrait furtivement à la maison. Il l'avait parfaitement reconnue : il n'y avait pas moyen de nier. Après cette scène, il revint immédiatement dans sa chambre, et le silence se fit dans la ferme : mais, le lendemain et les jours suivants, il y eut des disputes violentes, si bien que, n'y pouvant tenir, Mme Courier s'enfuit, le 6 janvier, à Paris, chez sa mère, emmenant ses enfants (1). Quelques jours plus tard, Courier partit aussi pour Paris.

---

(1) Après la mort de leur père, les deux enfants, dont le général Haxo était le subrogé-tuteur, furent élevés chez Feuillet de Conches et suivirent les cours de la pension Barbet, à Paris.

.*.

Symphorien restait toujours dans la maison ! Le maître
n'avait point encore deviné le rôle perfide de son valet dans
toutes ces aventures.

Le séjour de Courier à Paris dura quarante jours. Pendant tout ce temps, Phorien régna absolument dans la
ferme, commandant les autres domestiques et communi-
quant à tous la haine du maître, sévère et méchant, « qui
leur avait enlevé leur bonne maîtresse pour l'enfermer
dans un couvent ».

Frémont, comme les autres, fut indigné d'une telle
dureté. D'intelligence médiocre, faible de caractère et un
peu buveur, il avait jusque-là estimé son patron, quoiqu'il
eût eu souvent à souffrir de sa rudesse ; il fut entraîné peu
à peu à le haïr par les propos violents et haineux de Phorien, avec lequel il se trouvait maintenant en rapports
journaliers. Ainsi, consciemment et méthodiquement,
Symphorien préparait le drame final : « Madame ne reviendra pas si Monsieur ne la remet pas dans ses droits,
comme elle était avant... Madame m'a dit que s'il était possible de se défaire de M. Courier, nous vivrions ensemble
comme l'homme et la femme. »

A la « coupe », Pierre Dubois agissait dans le même sens
auprès des autres fagoteurs, Arrault et Boutet. Il y voyait
aussi très fréquemment Frémont, qu'il faisait boire et qu'il
entretenait des mêmes propos. Mais, tant que le garde ne se
sentit pas directement visé dans ses intérêts, il n'entra que
faiblement, mollement, dans les vues des frères Dubois, se
contentant de partager leur indignation.

Courier revint le 17 février 1825 (1), avec l'intention de
vendre la Chavonnière et de se retirer à Paris. Pour surveiller
sa forêt, qu'il voulait conserver, il désirait prendre un garde
plus instruit et plus sérieux que Frémont. Il en parla, et le
garde l'apprit. Alors, les Dubois redoublèrent d'empres-
sement auprès de Frémont, qui était le plus qualifié
pour faire le coup. Il s'agissait de le décider à agir avant
que la Chavonnière ne fût vendue, et le plus tôt serait le
mieux. « Un mois ou six semaines avant la mort de M. Courier, Phorien me dit : « Ah ! si M. Courier était tant seule-
« ment mort, nous serions bien plus heureux. Notre dame
« reviendrait de Paris, tandis qu'on dit qu'il veut la faire
« enfermer au couvent. » Pierre Dubois, qui est là, me disait les mêmes choses (2). »

Le lundi 14 mars 1825, Frémont se trouvait chez Tricot,
à l'auberge du Chêne-Pendu (3), lorsque Pierre Dubois
entra, avec François Arrault et Martin Boulet. Pierre
s'avança vivement vers lui et l'embrassa, puis ils causèrent
longtemps à voix basse. « Pierre se mit à me « filouser »,
à me flatter. J'ai, me dit-il, un secret à te dire. L'absence
de Mme Courier est bien malheureuse pour nous tous...
Elle est fort mal avec son homme. Je voudrais bien qu'il
fût mort, ce bougre-là... Si j'étais comme toi tous les jours
dans les bois avec lui, j'aurais bientôt fait... J'ai des lettres

____

(1) Le 16, il avait assisté à une soirée donnée par les rédacteurs
du *Globe*, où il fut très entouré, très écouté dans ses causeries
animées, alertes et piquantes.

(2) Déposition de Frémont à la cour d'assises.

(3) L'auberge du Chêne-Pendu, tenue à cette époque par le garde
champêtre Tricot, n'existe plus ; la maison est aujourd'hui habitée par M. Clavier-Mosny, son petit-fils.

de Mme Courier, qui me donne de ses nouvelles, et elle voudrait bien aussi que son mari fût mort. »

Une autre fois, environ huit jours avant le crime (1), un dîner réunissait, avec Symphorien, les mêmes convives chez Tricot. Ils s'enfermèrent dans une salle, où ils voulurent être seuls : on devait frapper à la porte quand on apportait les plats. C'est à ce dîner que les convives décidèrent la mort de Courier, et que les Dubois se firent plus pressants auprès de Frémont.

Le malheureux finit par consentir à devenir l'assassin de son maître ! Mais il fallait une occasion favorable ; elle ne se fit pas attendre.

.˙.

Le dimanche 10 avril, vers 11 heures du matin, Frémont reçut de M. Courier l'ordre de se rendre dans les parcs de Montbazon, pour s'assurer des dimensions données aux fagots, et de l'attendre, vers 6 heures, à la fosse à la Lande, dans la forêt (2).

Justement le matin même avait paru, dans le *Journal d'Indre-et-Loire*, l'annonce de M. Courier demandant un garde sachant lire (3). Frémont, qui l'avait appris, fut très vexé et

----

(1) Probablement le dimanche 3 avril 1825. Armand Rivière indique la date du 9 avril, veille de l'assassinat.

(2) Joseph Barier se trouvait présent à l'entrevue de Courier et de Frémont, le matin du 10 avril, dans le cabinet de Courier. Barier sortit le premier et rejoignit Symphorien dans l'écurie. Frémont arriva bientôt, dit quelques mots à l'oreille de Symphorien, qui, pour éloigner Barier, lui ordonna de monter au grenier chercher quelques bottes de foin pour les chevaux. Puis, après avoir causé avec Frémont, il dit à Barier, qui était revenu : « Ne m'attendez pas, je n'irai pas à Saint-Avertin » (car ils avaient auparavant convenu d'aller ensemble à l'assemblée).

(3) Le 8 avril, Courier était entré en pourparlers avec un agent d'affaires de Cormery, nommé Tremblay, pour la gestion de sa

donna libre cours à sa colère en laissant échapper des insultes et des menaces contre son maître (1). Il en parla aussitôt à Phorien et lui annonça en même temps le rendez-vous que venait de lui donner le patron.

C'était bien là l'occasion tant désirée. Il s'agissait de ne pas la laisser échapper : Symphorien s'en chargea.

Le jour était bien choisi : c'était l'assemblée à Saint-Avertin ; il y aurait peu de monde dans les champs et dans les bois. On courait beaucoup moins de risques que si c'eût été un autre jour, d'autant moins encore que le rendez-vous assigné était en pleine forêt, en un lieu désert, et que l'heure aussi était très favorable. Il n'y avait plus qu'à agir.

Mais qui allait prévenir Pierre Dubois et ses comparses ? Ce fut Symphorien qui remplit cette mission, qu'on ne pouvait confier à personne : le garde n'aurait pas eu le temps de passer au Rang-du-Bois, en allant dans les parcs de Montbazon, et de revenir à l'heure indiquée au rendez-vous. Symphorien se rendit donc au bourg d'Esvres, où il arriva après la messe, et y rencontra son frère, avec son père, qui était venu d'Azay-le-Rideau pour voir ses enfants.

Les Dubois n'étaient pas sûrs de Frémont : ils craignaient qu'à la dernière minute le courage ne lui manquât. Symphorien se hâta de revenir d'Esvres, l'attendit dans la forêt et l'accompagna. C'est lui encore qui, dans la forêt même, chargea de lingots le fusil de Frémont pour être plus certain de l'effet.

---

ferme et de sa forêt. L'annonce parue au journal était ainsi libellée : « *Avis.* — On demande, pour la campagne, un domestique sachant écrire lisiblement, qui soit au fait des travaux d'agriculture. S'adresser rue Chaude, hôtel du Cigne, chez Freslon, ou à Véretz, chez M. Courier. » (N° 1439, daté du lundi 11 avril 1825, mais envoyé le samedi soir et arrivé à la Chavonnière le dimanche matin.)

(1) Déposition de Mignot-Habert, de la Ville-aux-Dames.

Lorsque Courier arriva au rendez-vous, une demi-heure avant le coucher du soleil (1), Symphorien resta avec eux et les suivit. Courier lui demanda vivement ce qu'il faisait là. Phorien répondit d'une manière insolente, fomenta aussitôt une querelle, s'emporta violemment, cria le plus fort et couvrit la voix de son maître : « C'est fini ; il faut qu'il lui passe ici le goût du pain !... » Courier, effrayé, voulut s'enfuir. Et comme Frémont paraissait hésiter : « Tue-le ou je te tue ! » cria Phorien. En même temps il s'élança sur Courier, le prit par la jambe et le fit tomber la face contre terre : « Je suis un homme perdu ! » s'écria Courier. Au même moment, Frémont lâcha son coup de fusil. Le malheureux était tué sur le coup (2) !

Les comparses, disséminés aux environs, accoururent au bruit de la détonation et, après s'être assurés que la mort avait fait son œuvre, Symphorien retourna le mort sur le dos, Frémont fouilla dans les poches et tous disparurent : « Sauvons-nous, il est mort ! Sauvons-nous, il est temps ! »

Deux témoins, Sylvine Griveau et Honoré Veillault (3), camis (cachés) à dix pas de là, dans la bruyère, avaient assisté à cette horrible scène (4).

------

(1) Mme Bizeau-Moreau, décédée en 1904, le vit passer devant chez elle, aux Esnaults ; il avait un bâton, marchait vite et semblait préoccupé. Il passa ensuite par le Guessier. (Renseignement communiqué par M. Desouches, son petit-fils, maire de Véretz.)

(2) Le jour où il fut assassiné, Courier revisait les *Cent Lettres de France et d'Italie.*

(3) Honoré Veillault était domestique au village des Guets, commune de Chambray. Il se maria, en 1825, à Reignac, où il s'établit cordonnier. Il nia avoir vu le crime avec Sylvine Griveau. Il fut examiné, pendant le procès, par le médecin Herpin, qui lui trouva, à la cuisse droite, la cicatrice signalée par la Griveau. Il n'en maintint pas moins ses dénégations.

(4) Le soir, fort tard, les domestiques de la Chavonnière se mirent à la recherche de leur maître, qui ne découchait jamais et était toujours rentré avant 8 heures du soir. René Saget et Fré-

Il se pose maintenant des questions troublantes.

Quel était le mobile du crime? On crut dans le pays à un crime politique commis à l'instigation des jésuites : la Restauration, disait-on, avait fait disparaître l'homme gênant qui minait la religion et le pouvoir (1). Et l'on voulut voir dans « l'homme au grand chapeau » un agent du gouvernement. L'identité de cet homme n'a jamais été établie d'une manière certaine, et il en est resté un doute angoissant, qui a perpétué jusqu'à notre époque l'hypothèse du crime politique.

Cependant, il nous paraît suffisamment démontré que cet homme était tout simplement le père des Dubois, qui était venu fortuitement voir son fils à Esvres, et qui, mis dans le secret à l'arrivée de Symphorien, voulut accompagner ses enfants dans la forêt, anxieux du résultat.

Ce forfait odieux fut donc l'acte infâme de paysans gênés dans leurs passions et lésés dans leurs intérêts (2).

---

mont allèrent d'abord demander Courier chez le marquis de Siblas, avec lequel il était très lié, puis chez M. Herpin, le médecin de Véretz. Enfin ils prévinrent M. Debeaune, le maire, de la disparition de Courier. Le lendemain, vers 10 heures, Louis Moreau, garde champêtre, accompagné de Frémont et de plusieurs autres personnes, trouva Courier, qui fut rapporté, sur un brancard improvisé, à la ferme du Guessier, chez Sergent-Lemay, où l'on fit l'autopsie. Le corps fut ensuite transporté à la Chavonnière, et enterré le lendemain, 12 avril, au cimetière de Véretz.

(1) Courier avait écrit : « Paul-Louis, les cagots te tueront », et il paraissait naturel de leur attribuer ce crime, vengeant à la fois et Maingrat et Chambord : le trône et l'autel. Mᵐᵉ Courier exprima aussi cet avis : c'était, disait-elle, l'opinion de la Bourse de Paris.

(2) « M. Paul Courier, ancien chef d'escadron d'artillerie et propriétaire à Véretz, a été tué dimanche dernier dans la forêt de Larçay... Un ancien domestique de M. Courier, sur qui se sont élevés quelques soupçons, a été arrêté. » (*Journal d'Indre-et-Loire* du jeudi 14 avril 1825, n° 1440.)

.·.

Mme Courier fut-elle complice dans le meurtre de son mari ? Le parquet le crut et l'inculpa, mais, faute de preuves, la mit hors de cause.

Nous n'avons, pour juger sa part de responsabilité, que la tradition populaire et les dires des Dubois. Phorien et Pierre disaient à Frémont « que Mme Courier désirait vivement que son mari fût mort ».

Mais on peut objecter que ce n'était qu'un argument pour décider le garde à frapper son maître, puisque, lors des procès, Pierre nia ces paroles et fit tout son possible pour innocenter sa maîtresse (1).

Cependant, ce qui la condamne dans l'opinion publique, c'est qu'elle connut sûrement, dans tous ses détails, la participation au crime de Phorien, Frémont, Arrault, Boutel, et qu'elle garda pourtant tous ces assassins à son service (2).

Phorien, qui avait été son amant et le confident de ses pensées les plus intimes, ne fut pas sans lui avouer la part qu'il avait prise dans le drame. Il devait y avoir entre eux de bien graves secrets pour qu'elle le veillât avec tant de sollicitude lorsqu'il mourut d'un accident, à la Chavonnière, deux ans après l'assassinat ! Quelle signification terrible devait avoir cet anneau qu'elle lui passa au doigt à ses derniers moments ?

Il y a plus. La mort mystérieuse de Joseph Barier, sur-

---

(1) C'est par Me de Lamaze, informé lui-même par Me Bidault, de Tours, que Mme Courier apprit, à Paris, le mardi 12 avril, la mort de son mari. Elle ne revint à la Chavonnière que huit jours après, le mercredi 20 avril.

(2) Lorsque Symphorien revint de prison, le 17 mai 1825, après l'alibi invoqué, et qu'il parut à la porte de la Chavonnière, Mme Courier accourut au-devant de lui, l'embrassa et lui dit : « Mon cher ami, j'ai bien pris part à tes peines. »

venue le 30 décembre 1825, est encore un crime à la charge
de Symphorien.

Le malheureux bûcheron parlait trop de l'assassinat de
Courier ; il faisait part de ses soupçons à l'égard des Dubois :
il y avait eu déjà des querelles entre eux à ce sujet. Sym-

Le Chêne-Pendu.

phorien entreprit de supprimer ce bavard, qui pouvait les
perdre tous.

Le jeudi 29 décembre, Barier était invité à manger une
oie chez Paul Goupy, vigneron aux Ruaux. Il s'y rendit et
y trouva Phorien. Il voulut alors s'en aller : mais, sur les
instances de Goupy, il consentit à rester. On se mit à table
et, comme par hasard, Phorien se trouva à côté de lui : il
feignit la réconciliation, l'excita à boire et probablement
mit du poison dans son verre. Si bien que Barier, à peine
rentré chez lui, aux Desrés, fut pris de violentes coliques et
de vomissements ; il expira le lendemain en criant à sa
femme terrifiée qu'il avait été trahi, que Phorien l'avait
empoisonné !

Une enquête, suivie d'exhumation et d'autopsie, ne prouva point l'empoisonnement ; mais le doute n'est pas permis : ce nouveau crime est encore l'œuvre de Symphorien Dubois. Mme Courier n'a pu l'ignorer puisque l'enquête se fit chez elle, à la Chavonnière, et que la victime était un de ses voisins les plus proches, en même temps qu'un de ses bûcherons.

Pourquoi alors toutes ces attentions envers un pareil scélérat ? Pourquoi prit-elle la précaution d'éloigner tout le monde lorsque le moribond, excédé du poids de ses crimes, torturé par le remords, laissa, dans son délire, échapper des paroles sans suite, mais qui pouvaient être terriblement compromettantes ? Eut-elle peur que l'affreux secret ne lui échappât en cette heure d'agonie ?

Tous ces faits, tous ces soins empressés envers un simple domestique, prouvent au moins, de la part de Mme Courier, une complicité morale qui pèsera éternellement sur sa mémoire (1) !

*
* *

Nous avons tenu à raconter brièvement la mort tragique de P.-L. Courier, afin de faire ressortir le rôle capital de Symphorien Dubois, rôle sur lequel on n'a pas assez insisté jusqu'ici. Symphorien fut si bien le principal artisan du drame que, de tous les complices qui prirent part à l'assassinat, la tradition populaire n'a retenu que le nom de Phorien.

*
* *

Mme Courier quitta définitivement le pays avec ses deux enfants, en 1828, pour se retirer chez sa mère, à Paris, 21,

----

(1) C'est encore l'opinion populaire à Véretz et aux environs.

rue du Sentier. Elle épousa, en 1834, un jeune médecin de Genève nommé Maunoir, elle mourut en cette ville le 13 novembre 1842, à l'âge de 47 ans (1).

Et de l'illustre pamphlétaire, de l'immortel « vigneron de la Chavonnière », il ne reste plus, dans le pays, qu'un pâle souvenir, une tradition vague et lointaine, que le temps efface de plus en plus de la mémoire des hommes.

Puissions-nous contribuer à ranimer ce souvenir chez les paysans de Véretz et d'Azay, pour lesquels il combattit si vaillamment le cléricalisme et l'oppression !

Les bords de l'Indre

---

(1) Pendant son veuvage, Mme Courier eut un enfant, né en Toscane, le 23 juin 1830. Elle eut deux autres enfants avec Maunoir. Celui-ci se remaria après la mort de « Mme Courier ».

TROISIÈME PARTIE

Amis et Ennemis de P.-L. Courier

(Notes biographiques et documents officiels sur les personnages avec lesquels il fut en relations pendant son séjour à la Chavonnière.)

1° DEBEAUNE, maire de Véretz.

A tout seigneur tout honneur ; commençons donc par le plus célèbre des ennemis de Courier, M. Debeaune, châtelain et maire de la commune, qu'il attaqua si vivement dans plusieurs de ses pamphlets.

Alexandre-Louis Archambault-Debeaune est né à Tours, paroisse Saint-Hilaire, le 17 décembre 1789. Son père, Joseph-Alexandre-Jacques Archambault-Debeaune, était notaire à Tours (1), et sa mère, Madeleine-Jeanne de La Grandière, appartenait, dit-on, à une famille qui avait donné deux maires à la ville de Tours.

Il épousa Mlle Eugénie, née à Tours le 29 vendémiaire an VI (20 octobre 1797), fille naturelle, adoptée par les époux Perré, négociants à Tours.

François-Michel-Jean Perré avait acquis, en communauté

---

(1) Joseph-Alexandre-Jacques fut notaire de 1782 à 1812 ; il avait succédé à son père, Joseph Archambault-Debeaune, qui tenait cette même étude depuis le 1er janvier 1755. Le titulaire actuel est Me Ruffin, place Gaston-Pailhou.

avec un M. Paulmier, le château de Véretz, vendu en 1793 comme bien national : il garda pour lui le parc et la ferme de Villiers, avec le château qu'il fit démolir en partie et dont il vendit les matériaux.

A sa mort, survenue à Véretz le 14 septembre 1811 (1), il laissait toute sa fortune à Mlle Eugénie ; mais comme elle était mineure, n'étant âgée que de quatorze ans, il lui fut donné comme tuteur M. Archambault-Debeaune père, qui mourut à Saint-Etienne-de-Chigny en février 1813.

C'est cette riche héritière qu'épousa quelques mois plus tard le fils Debeaune, alors âgé de vingt-trois ans ; Mlle Eugénie n'avait pas encore seize ans. Le mariage fut célébré à Tours le 23 juin 1813, « à neuf heures après midi ».

Dès lors, M. Debeaune s'installa en son château de Véretz, et fit sa déclaration de résidence à la mairie : « Aujourd'hui, seize septembre mil huit cent quatorze, à six heures du soir, s'est présenté à cette mairie M. Alexandre-Louis Archambault de Beaune, propriétaire du château de Véretz, lequel nous a déclaré être dans l'intention de fixer son domicile en cette commune, pourquoi il nous invite à vouloir bien le comprendre sur le rôle des contributions mobilières de cette commune pour l'année 1815, nous a requis acte de sa déclaration et a signé avec nous la présente déclaration. (*Signé :*) Archambault de Beaune et Doudon-Leduc, maire. »

Fier de sa fortune et ambitieux, il aspira, dès son arrivée, à diriger la commune.

Aux élections du 25 mai 1815, il provoqua une scission

---

(1) Sa femme, Jeanne Boulinot, mourut le lendemain (15 septembre 1811). Ces deux décès si rapprochés ne sont-ils pas étranges et ne font-ils pas supposer un mystère ?

parmi les électeurs. Pendant que le plus grand nombre se réunissait dans l'église, qui était le lieu officiel du vote, — où furent élus Doudon-Leduc comme maire et Charles Huret comme adjoint, — il en entraîna un certain nombre dans son château et se fit élire maire. avec Claude Brisson comme adjoint. Mais un arrêté du préfet, en date du 5 juin, cassait cette élection comme irrégulière :

« Vu le procès-verbal dressé le 25 mai par lequel l'assemblée primaire de la commune de Véretz a procédé à la nomination du maire et de l'adjoint et duquel il résulte que les sieurs Doudon-Leduc et Charles Huret ont obtenu la majorité absolue des suffrages ;

« Vu le procès-verbal du même jour, dressé par l'assemblée scissionnaire de la même commune qui de son côté a pourvu aux places de maire et d'adjoint et a nommé pour remplir la première le sieur de Beaune et l'autre le sieur Brisson Claude... ;

« Considérant que les opérations de l'assemblée de Véretz, séantes à l'église de cette commune. ont été faites dans l'ordre et avec la régularité voulus par la loi... ;

« Que la liberté des opinions n'y a point été violée ;

« Considérant que l'assemblée scissionnaire était en minorité ; que, dès lors, ses nominations. quoique faites dans l'ordre prescrit. ne peuvent pas être considérées comme l'émission du vœu public ;

« Que les votants qui y ont pris part pouvaient se joindre à ceux déjà réunis à l'église pour procéder ensemble aux opérations et qu'il n'existe aucun prétexte plausible de leur scission.

« Arrêtons :

« ARTICLE PREMIER. — Les opérations de l'assemblée scissionnaire de la commune de Véretz sont annulées comme irrégulières.

« Art. 2. — Les nominations faites par l'assemblée régu-
lière sont maintenues.

« A Tours, le 5 juin 1815.

« *Le Préfet*,

« *Signé :* Comte DE MIRAMON. »

Debeaune était d'un caractère très violent. L'échec de son
petit « coup d'État municipal » le rendit furieux ; il s'en
prit tout d'abord au pauvre curé Marchandeau, son voisin (1), ami du maire, et l'insulta si gravement que le vieillard crut bon d'en avertir le préfet par la lettre suivante :

« Véretz, 20 août 1815.

« MONSIEUR LE PRÉFET,

« Le 25 juillet dernier, à deux heures après midi, je *ne*
fus on ne peut plus étonné d'entendre, du haut de sa terrasse, le nommé Archambault, se disant de Beaune, s'écrier
que le maire de Véretz était un sacré voleur, que le curé
son ami était un sacré coquin, etc. Le 19 août, je fus de
nouveau assailli d'injures atroces par le ci-dessus dénommé,
qui était à la porte de son écurie : « Te voilà donc, me dit-il,
« sacré scélérat, tu ne périras que par mes mains ; approche
« et que je mette fin à tes jours ; tu es un gueux, tu es la cause
« qu'une infinité de gens se sont suicidés, tu es l'opprobre
« même... »

« MARCHANDEAU, *curé de Véretz.* »

Néanmoins, il fut nommé par le préfet, le 29 novembre
1815, percepteur de Véretz, Azay et Larçay, prêta serment
le 29 décembre et fut installé dans ses fonctions par le maire
le 18 janvier 1816.

____

(1) Le curé était logé dans les « communs » du château.

Le jour de l'inauguration du buste du roi, le 7 juillet 1816, on fit à Véretz une belle fête, présidée par l'adjoint, Charles Huret, auquel le maire en avait laissé la direction, ainsi qu'il avait déjà fait le 12 mai de la même année, à l'occasion de la fête qui avait eu lieu pour la rentrée de Louis XVIII dans ses États.

Debeaune, percepteur depuis six mois, crut l'occasion excellente de faire remarquer davantage l'absence du maire, suspect de bonapartisme, et de signaler son royalisme à l'autorité, en attirant la fête chez lui.

Après l'inauguration du buste à la mairie, il invita tous les assistants à danser sur ses pelouses et prodigua les rafraîchissements. Puis, à neuf heures du soir, le feu de joie fut placé devant la porte du château et, sur la terrasse éclairée *a giorno*, les danses reprirent avec entrain.

Dans le compte rendu officiel de la fête, l'adjoint écrit : « A neuf heures, le feu de joie a été allumé, et au même instant l'air a retenti des cris de : « Vive le roi ! » et de plus de 300 coups de mousqueterie... La grande porte et la balustrade de la terrasse du château garnies de lampions ont produit un effet admirable et ont été vues de très loin. M. de Beaune a invité tous les habitants à entrer chez lui pour danser ; chacun s'est rendu à son invitation et, avec les grâces d'une éducation soignée (1), il n'a cessé d'offrir des rafraîchissements à la nombreuse compagnie, qui ne s'est retirée qu'à trois heures du matin. Ainsi s'est terminée cette fête dont la commune de Véretz n'avait jamais vu d'exemple, au rapport des plus anciens. (*Signé :* HURET, adjoint. »

Il resta percepteur jusqu'au 23 juin 1817.

Enfin, à l'âge de 28 ans, il fut nommé maire de Véretz.

------

(1) Ces « grâces d'une éducation soignée » ne s'accordent guère avec la dénonciation du curé et la plainte qu'il déposa contre lui en 1823.

par arrêté préfectoral du 3 septembre 1817, en remplacement de Doudon-Leduc. Il fut installé par le conseil dans
la séance du 5 septembre et prêta le serment suivant : « Je
jure fidélité au Roy, obéissance à la Charte constitutionnelle
et aux loix du royaume (1). »

Il était donc maire de Véretz depuis environ six mois
lorsque Courier vint habiter la Chavonnière.

Ce savant, ancien officier supérieur, propriétaire de la
belle forêt de Larçay, porta ombrage à Debeaune, qui vit en
lui un concurrent redoutable pour la mairie ; aussi, dès son
arrivée, le traita-t-il en rival, presque en ennemi. Pourtant
la querelle ne commença qu'au mois de décembre 1818,
lors du vol de bois commis dans la forêt de Larçay.

.˙.

Après ce succès tant désiré, Debeaune, qui était animé
d'un esprit vindicatif, ne chercha qu'à faire servir son titre
de maire à la satisfaction de ses vengeances.

L'ancien maire fut naturellement le premier attaqué.
Debeaune accusa, à mots couverts, son prédécesseur de
s'être approprié l'ancienne horloge du château, et il pria le
préfet de la lui faire rendre, afin de la faire placer au clocher de l'église.

Doudon répondit au préfet par une lettre fort vive, datée
de fin juillet 1818, que cette horloge et sa cloche étaient sa

---

(1) Il occupa cette fonction exactement 13 ans, jusqu'au 3 septembre 1830, date à laquelle il fut remplacé par M. de Siblas ;
mais il resta conseiller municipal, et lorsqu'il donna sa démission,
le 13 août 1837, M. Herpin, alors maire, lui écrivit hypocritement :
« Le conseil est fâché de ne plus compter dans son sein M. Debeaune, qui, par la longue expérience qu'il avait acquise en rem-
plissant les fonctions de maire dans la commune, pouvait, par
ses observations, éclairer la nouvelle administration. »

propriété, qu'il avait acheté ces objets à Mme la duchesse d'Aiguillon.

.·.

Puis survint, au mois de décembre de cette même année, l'occasion de se venger de son ancien garde Blondeau, actuellement au service de Courier. Dès le 2 décembre il l'avait déjà signalé au préfet en ces termes : « Blondeau est garde chez un monsieur Courier, ancien militaire, qui vient de faire dans notre pays acquisition et en outre la belle forêt de Larçai (*sic*). C'est un braconnier incorrigible. Cet individu, depuis qu'il est garde surtout, recommence son braconnage malgré les *déffenses* que je lui ai *faittes* de porter des armes sans permis de port d'arme, malgré les procès-verbaux dressés contre lui tant par moi que par le garde champêtre. Cet homme s'obstine à porter un fusil. J'ai été insulté et menacé par lui, le garde l'a été de même. Il en résulte qu'il se moque totalement de l'autorité... »

Le préfet répondit le 7 décembre : « Dressez procès-verbal et adressez-le au procureur du roi. Je me ferai un devoir d'appuyer les plaintes que vous porterez avec fondement, et de réclamer la punition du coupable. »

Ce n'est que le 17 décembre qu'il dressa le procès-verbal pour insultes et menaces qui fit condamner le « pauvre Blondeau » à l'amende et à la prison. Nous en donnons plus loin les détails.

Ce jour-là, le maire Debeaune, requis par le garde d'assister à une perquisition au sujet des bois volés, feignit de ne point entendre la réquisition, et la visite domiciliaire n'eut pas lieu, malgré la loi qui l'obligeait à y coopérer.

Puis, après la condamnation de Blondeau, il modifia les termes du jugement, qu'il signa du nom du greffier Bourassé, et le fit publier à l'église par le curé, commettant ainsi deux fautes graves : un faux en écriture et une contravention à la publicité des jugements.

Il en prenait vraiment trop à son aise.

Alors, Courier prend sa plume et rédige son *Placet* le 30 mars 1819, le fait imprimer et parvenir aux ministres. Comme il était à Paris, il se fait présenter à Guizot, à Villemain, et écrit à sa femme : « J'ai vu hier M. Guizot. Il m'a promis solennellement la destitution de Debeaune, que je ne lui demandais pas... Je dois voir Villemain. Il me lira la lettre du ministre au préfet. Je regarde la destitution de Debeaune comme certaine. On me propose de me faire maire à sa place ; je n'ai pas voulu... » (Mars 1819.)

Courier ne vit point la lettre du ministre ; d'ailleurs il n'en eût pas été satisfait, car elle n'est pas telle qu'il l'eût désirée.

Decazes écrivit donc au préfet :

« Paris, le 16 avril 1819.

« MONSIEUR LE PRÉFET,

« M. Courier, propriétaire dans le département d'Indre-et-Loire, vient de publier et m'a particulièrement adressé une plainte qui, parmi plusieurs assertions générales, renferme un fait précis sur lequel j'attire votre attention et qui me paraît important, s'il est exact.

« D'après la plainte de M. Courier, quatre chênes auraient été coupés dans la forêt de Larçai, à lui appartenant ; le même abus se serait renouvelé et dix-neuf chênes auraient été coupés dans la même forêt, et dans ces deux cas le maire aurait dénié au plaignant toute protection et aurait également refusé d'accompagner le garde de M. Courier dans la recherche des bois volés.

« M. Courier, propriétaire, ancien officier, érudit célèbre, mérite que ses réclamations, si elles ne sont légèrement adoptées, soient du moins examinées avec le soin impartial et méticuleux qui est dû à tout citoyen. Je désirerais, en séparant de la plainte de M. Courier, — que je vous transmets, — ce qui est vague ou relatif à des formalités judiciaires, que vous voulussiez bien, Monsieur le Préfet, prendre des renseignements particuliers sur le fait distinct et le déni de justice qui est imputé au maire de Véretz.

« Il serait bien à souhaiter qu'un savant qui, par caractère, doit être un homme paisible, ne se trouvât pas ainsi en guerre avec ses voisins ; mais dans toute supposition, pour ce qui tient à l'autorité, ce qui importe, c'est que la justice administrative se soit montrée complètement impartiale. Sous ce point de vue, Monsieur le Préfet, je vous prie de vérifier l'assertion relative à la conduite qu'aurait tenue le maire de Véretz et de m'en instruire avec détails.

« M. Courier allègue dans sa plainte que le refus du maire est constaté par des procès-verbaux ; une pareille assertion ne semble pas pouvoir être hasardée sans motif et devait provoquer toute mon attention.

« Recevez, Monsieur le Préfet, l'assurance de ma considération.

« *Signé :*) Le comte DECAZES. »

Le préfet, qui n'était pas au courant de la plupart des faits allégués dans le *Placet*, écrit à Courier, le 19 avril, pour lui demander communication des « procès-verbaux » qu'il détient, prouvant le déni de justice imputé au maire, et ajoute : « Vous obtiendrez, ainsi que chaque administré, la plus impartiale justice toutes les fois que vous serez en mesure de me fournir les preuves que vos plaintes sont fondées. »

Le même jour, le préfet envoie à Debeaune un exemplaire du *Placet* et l'invite à se justifier des accusations qui sont portées contre lui.

En attendant les réponses, il écrit au ministre pour lui dire ce qu'il a fait et lui donner quelques explications.

La réponse de Courier arriva la première ; elle était ainsi conçue :

« La Chavonnière, près Tours, 22 avril 1819.

« Monsieur,

« Le temps et ma mauvaise santé m'empêchant de me rendre à Tours, je ne puis avoir l'honneur de mettre sous vos yeux les papiers dont vous me demandez communication. Je vous les enverrais volontiers s'ils n'intéressaient que moi ; mais, de peur qu'ils ne s'égarent, j'aime mieux vous les porter à mon prochain voyage à Tours.

« Le plus important est l'extrait du jugement publié par ordre de M. le maire au prône de la paroisse. Cette pièce, signée du greffier, est très suspecte de faux, le greffier ayant déclaré n'avoir ni donné, ni pu donner un extrait qui d'ailleurs n'est pas conforme au jugement. On dit que cette publication en elle même est contraire aux lois. Toute la conduite de M. de Beaune dans cette affaire est un tissu de faussetés et d'impostures légalisées en forme de procès-verbaux. La voix publique l'accuse en outre d'une infinité de violences et d'indécences révoltantes ; il est question de filles enlevées, de femmes insultées et fouettées publiquement. Quand vous serez mieux informé, je ne doute pas que vous engagiez le gouvernement à délivrer la commune d'un homme si peu fait pour sa place.

« J'ai l'honneur, etc.

« *(Signé :)* Courier. »

Comme on le voit, Courier se dérobe ; il n'envoie pas les fameux procès-verbaux, et pour cause : il n'en a pas.

M. Debeaune répondit le 29 avril 1819. Il réfuta le *Placet* article par article, d'après la déclaration d'un nommé Pichot, garde forestier, qu'il avait consulté, et dont il tenait tous les renseignements qu'il transmit au préfet, en lui disant : « Vous pouvez faire paraître devant vous ce garde ». et il continue : « Le procès-verbal du garde (Blondeau) qui constate la demande à moi faite de la recherche des bois volés et mon refus de l'autoriser à cette recherche est faux.

Je n'ai reçu à cet égard qu'une lettre de M. Courier ainsi conçue : « Je vous prie de vouloir bien autoriser mon garde « à faire la recherche, selon les ordonnances, de quatre ba- « liveaux qui ont été coupés et volés dans mes bois, vous « verrez les procès-verbaux qu'il en a dressés. » A laquelle lettre j'ai répondu « que je ne connaissais pas trop les or- « donnances, que je croyais que cela n'était permis qu'aux « gardes forestiers ou champêtres, comme officiers de po- « lice judiciaire ; qu'un garde particulier n'avait aucun « titre pour faire des visites domiciliaires, même avec l'au- « torisation du maire... » Si M. Courier et son garde con- naissaient les auteurs du délit, pourquoi ne les ont-ils pas dénoncés d'une manière positive aux autorités ?

« En général, les plus beaux arbres de la forêt de Lar- çai ne sont pas d'une grande valeur ; passé 25 à 30 ans, les baliveaux restant se couronnent et dépérissent. Je fais une remarque, non pour diminuer la grandeur du délit, mais pour prouver que M. Courier, qui semblait faire croire avoir éprouvé des pertes énormes dans sa forêt, que tout est au pillage, tout cela s'élève à la perte de 4 brins de chêne volés et à 19 baliveaux que la malice de quelques indivi- dus, par vengeance sans doute, a fait scier et non enlever.

« A l'égard de la plainte de M. Courier pour la tentative d'incendie, je n'ai nulle connaissance de ce fait. Le garde forestier, qui journellement est dans la forêt, ne sait ce que cela veut dire et est étonné de cette plainte : il m'a observé cependant que de tout temps, pendant l'hiver, les jeunes bergers qui font paître leurs bestiaux dans les landes de Larçai qui entourent la forêt, ont l'habitude de faire dans cette lande de petits feux avec de la bruyère et des joncs pour se chauffer. M. Courier et son garde prennent- ils ces enfants pour des incendiaires ? C'est ce que j'ignore.

« De quoi M. Courier peut-il se plaindre ? D'une persé- cution ? Il a tort. Le procès-verbal est bien contre le garde et non contre lui. Quant aux procès prétendus risibles qu'on fait à M. Courier et dans lesquel (*sic*) il succombe toujours, je n'en ai nulle connaissance si ce n'est de celui dont il a fait appel à la cour royale d'Orléans où j'ai constaté par des procès-verbaux authentiques plusieurs faits dont M. Courier ne peut se plaindre, étant vrais : voilà la cause de la haine de M. Courier contre moi et de la vengeance qu'il veut exercer.

« Je ne sais si M. Courier est aimé ou haï dans le pays, mais je sais que son nouveau garde n'y jouit pas de l'estime publique.

« Ce n'est point une vengeance contre le propriétaire, mais contre le garde et c'est d'autant plus certain que le dégât n'a commencé qu'au moment où le garde a usé de rigueur, qu'il a de suite cessé et ne s'est pas renouvelé du moment où M. Courier a ordonné à son garde de la modération et a permis aux habitants circonvoisins de retourner au bois comme auparavant, puisque maintenant personne n'en est empêché.

« A l'inculpation personnelle de Courier, je n'y réponds pas.

« Si la réputation de M. Courier ne l'avait fait connaître, en lisant le dernier article de son *Placet*, on serait tenté de le prendre pour un homme qui a la tête exaltée, qui ne voit que pillage, incendie, assassinat dans le pays le plus tranquille du monde. Qu'il reste dans la commune de Véretz, je réponds que personne n'a tenté et ne tentera de lui courir sus, qu'il ne sera ni pillé, ni incendié, que son repos ne sera pas plus troublé qu'il ne l'a été... »

Il faut convenir que Debeaune se défend habilement : que le ton calme et modéré de cette lettre contraste singulièrement avec la violence du *Placet* et les accusations haineuses de la réponse de Courier au préfet (1).

____

(1) « Le préfet dut goûter l'ironie heureuse de ce maire de village qui saisit avec tant de justesse le ridicule de Courier et de son pamphlet. Eh quoi ! pour quatre baliveaux volés et pour

C'est la seule escarmouche directe entre ces deux hommes. Courier n'y fut pas le plus fort ; il y perdit la protection des ministres, dont il semblait si honoré, et Debeaune sortit de cette lutte plus fier et plus audacieux que jamais.

On sait que Debeaune ne fut pas un administrateur très scrupuleux, et que de nombreuses plaintes furent envoyées au préfet.

Le 20 avril 1820, l'ancien maire, Doudon, — qui avait à se venger de la dénonciation de Debeaune au sujet de l'horloge, — l'informe que le maire de Véretz s'empare de la terre du pâtis communal pour la mettre dans ses jardins ; que déjà, en août 1812, il en avait pris deux cents à trois cents tomberées, et que, comme maire à cette époque, il avait été obligé de prendre un arrêté pour l'en empêcher: qu'enfin cette année il en a fait prendre au moins la même quantité.

Le préfet écrit alors à Debeaune :

« Tours, le 26 avril 1820.

« Monsieur le Maire,

« On me signale des excavations faites dans les pâtis communs pour reporter les terres dans vos cours et jardins. J'ai peine à croire que, chargé par vos fonctions de sévir contre toute usurpation ou dégradation du domaine public, vous ayez pu commettre une semblable infraction aux lois ; cependant on se plaint, et je dois exiger de vous

---

quelques feux de bergers dans la lande, crier au pillage et à l'incendie, incriminer maires, juges, procureurs, préfet, recourir au ministre, faire frémir les presses et prendre à témoin la France entière et la postérité ! O hyperbole et mauvaise foi ! » (Desterne et Galland.)

des explications propres à fixer mon opinion. Je compte
sur votre véracité.

« Recevez, etc. . »

Debeaune répondit par une lettre violente, dont il s'excuse par celle-ci :

« Véretz, 6 may 1820.

« Monsieur le Comte (préfet),

« Quelques réflections m'engagent à vous écrire de nouveau et d'une manière plus calme et plus détaillée que ma
précédente lettre. Je vous prie d'en excuser la vivacité du
contenu. Je vais vous donner quelques détails

« L'on me signale auprès de vous comme abusant de
mon pouvoir et nuisant aux intérêts de la commune en
faisant des excavations, en m'appropriant la terre des
communs pour mon utilité personnelle... »

Il entre ensuite dans de très longues explications justifi-
catives qui se résument à dire que ce pâtis a été réservé
autrefois par la commune afin d'y prendre de la terre à
bâtir, et que celle qu'il y a prise n'a pas eu d'autre desti-
nation « puisqu'elle a servi aux réparations d'une boulan-
gerie et d'une grange », et qu'il en a donné une partie au
curé qui lui en avait demandé pour son jardin (*ce qui paraît peu vraisemblable*). Il ajoute : « Vous voyez, Monsieur
le Comte, par ces détails, qu'il y a méchanceté dans la
plainte qu'on vous a faite et que je qualifie de dénonciation,
que si j'ai pris de la terre, j'ai usé d'un droit commun acquis à tous ; pourquoi ne vous a-t-on pas, comme on l'a
fait de moi, signalé M. Courier qui en a pris une quantité
plus considérable que moi ? Moi-même je l'en aurais empêché s'il avait eu des torts, mais pourquoi serait-il privé
d'un droit dont jouit les autres ? ...

« Cette plainte contre moi n'a pas plus de raison et
n'est pas mieux fondée si elle n'est pas aussi absurde que
celle qui vous a déjà été faite contre moi par M. Courier... »

*
* *

Les canaux de la fontaine, qui alimentaient les bassins
du château, ne donnaient plus qu'une quantité d'eau
insuffisante, pendant que les tuyaux du Bacchus communal, sur lesquels ils sont branchés, fonctionnaient d'une
manière normale. Debeaune s'en plaignit au conseil, qui
décida, dans sa réunion du 16 avril 1820, d'en rechercher
les causes. On découvrit que les racines des arbres du
mail avaient pénétré dans les canaux en terre cuite et les
obstruaient presque complètement.

Alors il résolut de faire arracher les beaux tilleuls de la
place. Mais les opposants en appelèrent au préfet, qui envoya un agent des ponts et chaussées, M. Ribot-Mauduit,
pour examiner l'affaire; celui-ci rédigea un rapport où il
est dit : « La fontaine publique va bien, mais les tuyaux
qui vont dans les bassins du château ne fonctionnent
plus. C'est parce que les racines des arbres ont fait le dom-
mage que M. Debeaune prétend faire participer la commune à la réparation de ses canaux et ensuite *de* faire arracher les arbres. Nous sommes loin de partager cet avis...
Nous pensons que les arbres sont d'un trop bel ornement
pour la place pour que l'on consente à ce qu'ils soient
abattus... »

Les travaux nécessités par les recherches furent payés
par moitié; mais les frais de visite, taxés à 15 francs,
furent mis à la charge du maire.

*
* *

Le 30 avril 1823, Debeaune insulta très grossièrement le
vieux curé Marchandeau, tranquillement assis devant sa
porte, et qu'il accusait de l'avoir traité de blanc-bec.

« Après lui avoir vomi les plus horribles infamies », il

lui donna un soufflet si violent que le vieillard fut renversé. Sa gouvernante accourue « reçut aussi un grand soufflet sur la joue gauche, et fut traitée de garce, de putain, de pourriture (1)... »

Le curé envoya une plainte au procureur : celui-ci en informa aussitôt le préfet, qui lui répondit :

« Tours, le 6 mai 1823.

« J'ai reçu, Monsieur, la lettre en date du 3 de ce mois par laquelle vous avez bien voulu m'informer de la plainte rendue par le sieur Marchandeau, desservant de la paroisse de Véretz, contre le sieur Archambault de Beaune, maire de cette commune.

« Je m'empresse de vous remercier de cette communication et je vous prie de vouloir bien me faire connaître le résultat des poursuites judiciaires auxquelles aura pu donner lieu la plainte du sieur Marchandeau... »

Voici cette plainte :

« *A Monsieur de Vauzelles, procureur du roi.*

« Il est douloureux, Monsieur, pour un vieillard de 82 ans, de me voir forcé de vous adresser une plainte criminelle contre le sieur de Beaune, maire de Véretz. Voici le fait. Le 30 avril, à 3 heures après midi, étant seul et tranquille devant ma porte, le dit de Beaune est venu me demander comment je me portais. Je lui ai répondu poliment que j'allais assez bien. Il m'a demandé s'il était vrai que je le traitais de blanc-bec. Je lui ai répondu que j'ignorais m'être servi de cette expression, que ceux qui avaient dit de semblables choses ne cherchaient qu'à semer la discorde. Alors, sans écouter aucune raison, il

(1) Déposition d'un témoin au tribunal.

n'est pas d'exécration dont il ne m'ait pas accablé, jusqu'à
me dire en plein chemin que j'étais le plus scélérat des
prêtres, que j'en avais fait guillotiner plus de cinquante,
que je commettais autant de sacrilèges que je célébrais de
sacrifices.

« Je ne finirais pas si je détaillais toutes les horribles
infamies qu'il m'a vomies. Ayant tombé toute sa fureur
en paroles, il a tombé sur moi, et auprès de ma porte
m'a donné un soufflet si violent que j'ai été renversé d'une
si vigoureuse force que si j'eusse été repoussé deux pouces
de plus, j'étais assassiné. Alors j'ai crié au secours ; ma
domestique est arrivée pour m'aider à me relever ;
Mlle Claireau, ma compagne, qui travaillait tranquillement,
entendant les cris que je faisais, est accourue aussi pour
me secourir... »

On sait que Debeaune ne fut pas condamné et que le
pauvre curé paya tous les frais du procès.

En 1827, Debeaune révoqua le sieur Roy, serrurier,
secrétaire de mairie depuis six ou sept ans, et qui était en
même temps conseiller municipal ; il se refusait à lui
payer les six derniers mois de son traitement, soit 25 francs.
Voici la pétition que Roy envoya au préfet et dans laquelle il explique les causes de sa révocation :

« Véretz, 10 janvier 1828.

« Monsieur le Préfet,

« A la dernière session. M. le curé desservant la commune ayant offert en donation à la dite commune la
somme de 2.500 francs pour l'achat d'un terrein à la
charge d'y construire un presbytère, moi, exposant, ai
donc comme membre du conseil municipal accepté l'offre
faite par M. le curé ainsi que cinq autres de mes collègues

(sur huit membres présents alors) et nous sommes refusés *de* signer la délibération prise par M. le maire à cet égard. Voilà ce qui m'attire son ressentiment, et ce qui fait que je ne puis obtenir de mandat d'une somme de 25 francs que j'ai bien gagné pendant le premier semestre de 1827... »

Le préfet renvoya au maire, pour explications, la plainte du sieur Roy. Debeaune écrivit, sur la pétition même :

« Vu la pétition cy-dessus, considérant qu'il y a mensonge et calomnie dans les faits articulés dans la *ditte* pétition, qu'elle est injurieuse pour notre qualité de maire et que, par cette raison, il est indigne pour nous d'entrer dans des explications, déclarons nous en abstenir, sauf les renseignements que M. le préfet peut prendre, l'invitant instamment à le faire.

« A la mairie de Vérelz, le 29 janvier 1828.

« DE BEAUNE, maire. »

Le préfet insiste pour avoir les explications demandées, et Debeaune répond enfin par une lettre dans laquelle il dit : « que le sieur Roi n'était pas secrétaire de mairie, mais qu'en effet il l'avait employé à faire pour lui ses écritures, comme il faisait ses serrures... Vers le mois de juin, l'insolence du sieur Roi, qui comme membre du conseil municipal croyait sans doute devoir me donner des leçons, me força de lui dire que dès ce moment il ne devait y avoir aucun rapport entre lui et moi... Je lui devais 25 francs, mais comme d'après un ancien compte il restait me devoir 9 francs, c'est donc 16 francs qui restent et sont toujours à sa disposition, soit à la mairie, soit chez le percepteur .. »

A la même époque, M. Herpin, médecin — qui fut maire après Debeaune, mais qui, à ce moment, n'était que propriétaire à Véretz et membre de l'adjonction, — réclame à son tour contre la même délibération du 10 juin 1827, dont vient de parler le sieur Roy, et accuse le maire de l'avoir indiqué comme signataire de la dite délibération pendant qu'au contraire il avait refusé de la signer.

Pour comprendre la raison qui avait déterminé le maire à refuser les 2.500 francs offerts à la commune par le curé, en vue de la construction d'un presbytère, il faut savoir que le desservant de Véretz était logé dans une maison appartenant à M. Debeaune, et que si l'on faisait construire une cure, il perdrait ainsi le loyer que lui payait annuellement la commune (180 francs). La délibération, rédigée par le maire et inscrite au registre avant la réunion, portait le rejet du don offert, pendant que la majorité du conseil, au contraire, était pour l'acceptation. Or, Debeaune, en indiquant comme signataires M. Herpin et quatre membres absents, s'assurait ainsi la majorité et supprimait pour longtemps la construction demandée.

M. Herpin, ayant appris cette supercherie, se hâta d'en avertir la préfecture :

« Véretz, 18 janvier 1828.

« Permettez, Monsieur le Préfet, que j'aye l'honneur de réclamer près de vous contre une erreur qu'a commis M. le maire de Véretz, lors de la réunion, le 10 juin 1827, du conseil municipal et d'adjonction, en me portant comme opposant à la proposition de construction d'un presbitère en cette commune ; j'affirme, Monsieur le Préfet, que j'ai toujours été partisan de voir M. notre curé logé dans une maison presbitériale et que j'ai donné ma voix pour que la proposition susmentionnée soit acceptée.

« Comme vous pourriez, Monsieur le Préfet, ne pas ajouter foi à ce que j'ai l'honneur de vous dire, parce que l'extrait de la délibération qui a été prise à cet égard qui vous a été envoyé et certifié conforme porte que j'ai signé

le rejet de cette proposition, je déclare que c'est faux, et
vous pouvez, Monsieur le Préfet, vous en assurer en vous
faisant représenter le registre des délibérations de la mairie de Véretz.

« Je suis avec respect, etc...

« P.-S. — Je crois devoir vous dire aussi, Monsieur le
Préfet, que M. le maire de Véretz a porté comme présent
et signataire à la délibération dont je parle quatre
membres, MM. Godeau, Boisleau, Ennault et Étienne Sergent, qui n'étaient point à Véretz ce jour-là, 10 juin. »

.˙.

M. de Siblas, maire de Véretz, qui succéda à Debeaune le
3 septembre 1830, s'aperçut que l'état des prestations en
nature était en déficit d'une cinquantaine de francs. Les
explications données par son prédécesseur ne lui paraissant
pas claires, il fit décider par le conseil qu'une partie de ce
déficit serait réclamée à M. Debeaune et en avertit le préfet :

« Véretz, ce 31 octobre 1830.

« Monsieur le Préfet,

« J'ai pris des informations (sur la somme de 58 francs
qui manquait aux prestations en nature et que M. Debeaune disait provenir de non-valeurs) et j'ai reconnu que
M. de Beaune avait signé un état sur lequel il porte comme
ayant dû travailler des individus qui n'avaient pu fournir
leurs prestations pour cause d'absence, de mort ou d'indi-
gence, et qu'enfin quelques journées de prestations avaient
été employées à des réparations auxquelles il était seul
intéressé. Je crois devoir proposer au conseil de laisser
cette partie à la charge de M. de Beaune... »

Une contestation existait depuis longtemps entre le château et la commune au sujet de la possession d'une chapelle bâtie dans l'église par les anciens seigneurs, et dont la seule entrée se trouvait sur la terrasse du château. On ne trouve pas trace de discussion à son sujet avec M. Perré, l'acquéreur de 1793; mais, à sa mort. M. Debeaune père en fit enlever la porte et les fenêtres, qu'il fit murer.

La commune protesta, et, le 25 octobre 1812, « le conseil assemblé à l'effet de délibérer sur l'enlèvement fait par le sieur Debeaune, tuteur de la propriétaire du château de Véretz, de deux croisées et leurs volets en chêne et la porte d'entrée, ayant détourné ces trois objets à son profit ; ensuite ayant fait murer les ouvertures des dites croisées et porte d'entrée : considérant que d'après cet acte d'autorité commis par le dit sieur Debeaune, que toute entrée dans la dite tribune est fermée aux habitans... ; que cette chapelle est nécessaire les jours de grandes fêtes... ; que cette tribune a servi de chambre commune (mairie) à cette municipalité jusqu'au rétablissement du culte catholique en France... »

La porte et les fenêtres de la chapelle restèrent murées jusqu'à l'arrivée du nouveau propriétaire, M. Debeaune fils.

La délibération du 14 juin 1818 aboutit à un arrangement provisoire : « Considérant que la tribune fait nécessairement partie de l'église... ; que la porte et les fenêtres avaient été enlevées et murées par M. de Beaune père, agissant comme tuteur de l'épouse de M. de Beaune fils... ; statuant sur la proposition de Beaune de louer à la commune la dite tribune, le conseil autorise la fabrique à la louer à M. de Beaune pour 9 années. à raison de 12 francs par an, à condition de faire les réparations.. et de faire boucher, à la fin du bail, la porte donnant de la tribune sur sa rampe, laquelle porte il a fait rouvrir depuis peu (1). »

Nous avons tenu à donner, de ces diverses affaires, les pièces officielles sans les commenter, laissant au lecteur le soin de juger ce redoutable ennemi de Courier, qui fut peut-être la cause principale de la popularité du pamphlétaire.

*
* *

On sait que Debeaune fit tout ce qu'il put, en 1820, pour que Courier ne fût pas inscrit comme électeur dans le département d'Indre-et-Loire. Le vigneron de la Chavonnière y payait pourtant 1.331 fr. 98 de contributions ; mais il avait négligé ou dédaigné de faire à la mairie de Véretz sa déclaration de domicile, comme le voulait la loi du 5 février 1817. De sorte que, lorsqu'il présenta sa demande d'inscription, il ne put produire cette déclaration indispensable.

Le préfet consulta le maire de Véretz à ce sujet. Debeaune, qui trouvait là une bonne occasion de se venger en embrouillant l'affaire, s'empressa de répondre que Courier était bien propriétaire à Véretz, mais qu'il était domicilié à Paris. Alors, Paul-Louis eut encore à se défendre et écrivit à MM. du conseil de préfecture : « Le maire de Véretz, qui me voit depuis deux ans établi à sa porte, dans cette commune dont il est le premier magistrat, et où lui-même m'a adressé des citations à domicile, ne veut pas que j'y sois domicilié... Que signifie cette assertion du maire? Sur quoi l'a-t-il fondée ?... »

Mais Debeaune n'eut pas le dernier mot ; Courier fut inscrit et put prendre part aux élections législatives.

---

(1) Cette question de propriété, concernant la chapelle et l'escalier du petit cimetière qui y donne accès, bien des fois soulevée depuis 130 ans, n'a pas encore reçu de solution définitive.

..

Ce fut le 11 avril, de grand matin, que Debeaune apprit, par Frémont et René Saget, la disparition de Courier. Avec quels sentiments reçut-il cette grave nouvelle, qui le débarrassait de son plus terrible ennemi?

Il s'empressa d'organiser les recherches de la forêt, sous la direction du garde champêtre, Moreau, recherches qui aboutirent à la découverte du cadavre.

Pendant ce temps, il annonçait l'événement à la préfecture et au procureur du roi :

« Véretz, 11 avril 1825.

« A Monsieur le Secrétaire général
faisant fonctions de Sous-Préfet.

« MONSIEUR,

« M. Courier a disparu hier de son domicile et s'étant dirigé vers sa forêt, ses domestiques inquiets sont venus me faire part de cet événement. J'ai aussitôt ordonné des recherches, et il vient d'être trouvé mort dans sa forêt, il a sans doute été assassiné.

« Je vous prie de faire part de cet événement à M. le préfet. J'écris en ce moment à M. le procureur du roi.

« J'ai l'honneur d'être, etc...

« Signé : DE BEAUNE, maire de Véretz. »

Plus tard, après les révélations de Sylvine Griveau, il fit, — accompagné de Clément Gérier, son adjoint, — une enquête auprès de Sylvine, chez Pierre Girault, aux Tartres, le 6 décembre 1829. Il communiqua au parquet cette déposition, qui amena l'arrestation des coupables dès le lendemain.

..

Debeaune eut à Véretz sept enfants : Joseph-Alexandre-
Eugène, né le 22 avril 1816 ; Adrien-Henri-Louis, né le
18 mars 1819 ; Clémentine-Louise-Adèle, née le 4 juin 1826 :
Adrienne-Eugénie-Françoise, née le 22 octobre 1829, morte
à l'âge de 5 ans ; Louise, Marie et Rosalie, trois jumelles,
nées le 1er juin 1832, toutes mortes de cinq à sept jours
après leur naissance. La mère, Mme Eugénie, mourut elle-
même le 23 juillet 1832, à l'âge de 34 ans, des suites de ces
terribles couches.

Il y a lieu de remarquer que ces trois derniers enfants,
nés après que leur père eut quitté la mairie, sont inscrits
sous le nom d'Archambault-Debeaune, pendant que les
quatre premiers portent à l'état civil la particule nobiliaire.

Ruiné, veuf, ayant perdu quatre enfants, M. Debeaune
vendit son château à M. Panon des Bassyns de Richemont
en 1836, et se retira dans une très modeste habitation située
sur le quai de Véretz : puis, deux ans après, il alla habiter
une petite propriété qui lui restait à la Salle-Girault, commune de Larçay. Là il se remaria, le 27 février 1864, avec
sa domestique, demoiselle Silvine-Françoise Coudré, âgée
de 33 ans, originaire de Faverolles (Loir-et-Cher), dont il
avait déjà quatre enfants : Marie-Louise-Françoise, née à
Tours, le 15 mars 1850 ; Alexandre-Jacques, né à Larçay,
le 14 août 1853 ; Clémentine-Adrienne, née à Larçay, le
18 mars 1855, morte peu d'années après ; Louis-Eugène, né
à Larçay, le 5 août 1859, décédé à Bourg-la-Reine le 25 novembre 1920, étant directeur des verreries de Rambouillet.

L'ancien maire de Véretz a donc eu onze enfants. Il mourut, le 1er janvier 1874, âgé de 84 ans, à Saint-Servan (Ille-
et-Vilaine), où il a été inhumé.

.˙.

Paul-Louis Courier l'attaqua souvent avec véhémence dans ses divers pamphlets, et notamment dans sa *Gazette du Village*, où il fustige surtout le vilain enrichi qui veut s'affubler de la particule nobiliaire et jouer au grand seigneur. Il va même jusqu'à l'attaquer dans sa vie privée, par l'allusion qu'il fait à la fille de Christophe : « Je suis... malheureux ; j'ai fâché M. le maire : il me faut vendre tout et quitter le pays. C'est fait de moi, Monsieur, si je ne pars bientôt...

« Un dimanche, l'an passé, après la Pentecôte, il chassait aux cailles dans mon pré, l'herbe haute, prête à faucher, et si belle !... C'était pitié. Moi, voyant ce manège, mon herbe confondue, perdue, je ne dis mot, et pourtant il m'en faisait grand mal ; mais je me souvenais de Christophe, quand le maire lui prit sa fille unique, et au bout de huit jours la lui rendit gâtée. Je le fus voir alors : « Si « j'étais de toi, Christophe, ma foi je me plaindrais, lui « dis-je. — Ah ! me dit-il, n'est-ce pas M. le maire ? Pot de « fer et pot de terre... » Il avait grand'raison ; car il ne fait point bon cosser avec de telles gens, et j'en sais des nouvelles. Me souvenant de ce mot, je regardais et laissais M. le maire fouler, fourrager tout mon pré, comme eussent pu faire douze ou quinze sangliers .. Mais, à la fin, je pars tenant mon chapeau, j'aborde M. le maire. « Monsieur, lui « dis-je, monsieur, cela n'est pas bien à vous ; non, cela « n'est pas bien .. » Je me perdis, je fus ruiné dès l'heure. Ce qui plus lui fâchait, c'était sa compagnie, ces deux messieurs, et tous les passants regardant. M. le maire est gentilhomme par sa femme née demoiselle. Voilà pourquoi il nous tutoie et nous rudoie, nous autres paysans, gens de peu, bons amis pourtant de feu son père. Il semble toujours avoir peur qu'on ne le prenne pour un de nous. S'il était noble de son chef, nous le trouverions accostable. Les nobles d'origine sont moins fiers, nous accueillent au contraire, nous caressent, et ne haïssent guères qu'une sorte de gens, les vilains ennoblis, enrichis, parvenus...

« Le lendemain on m'assigne comme ayant outragé le maire dans ses fonctions... Il est grand temps que je parte... il ne me reste qu'un parti, de vendre ma benace (1) et déloger sans bruit. Si je le rencontrais seulement, je serais un homme perdu. Il me ferait remettre en prison comme ayant outragé le maire : il conte ce qu'il veut dans ses procès-verbaux. Les témoins au besoin ne lui manquent jamais ; contre lui il ne s'en trouve aucun. Déposer contre le maire en justice, qui oserait ?... Il n'y a de lois qu'à Paris. Il vaut mieux être là ennemi déclaré des ministres, qu'ici ne pas plaire à M. le maire... Ne me nommez pas, Monsieur. Quelque part que je sois, il peut toujours m'atteindre. Un mot au maire du lieu, et me voilà coffré. Ces messieurs entre eux ne se refusent pas de pareils services... Les gens de Paris ne savent pas ce que c'est qu'un maire de village. »

Plaidoyer Blondeau : « M. de Beaune est un jeune homme vif, emporté, violent dans toutes ses passions, implacable dans ses vengeances... Le maire est plus maître ici que le roi à Paris... »

Gazette du Village : « M. le maire a entendu la messe dans sa tribune. Après le service divin, M. le maire a travaillé dans son cabinet avec M. le brigadier de gendarmerie ; ensuite de quoi ces messieurs ont expédié leur messager, dit le Bossu (2), avec un paquet pour M. le préfet, en main propre.. On soupçonne qu'il s'agit de quelques mauvais sujets qui veulent danser le dimanche. »

_____

(1) Ce mot est écrit *besace* sur l'édition de Sautelet. C'est une erreur qu'il y avait lieu de rectifier.

(2) Bellemanière, émissaire (facteur) qui faisait le service des postes entre Tours et Véretz.

« Madame, femme de M. le maire, est accouchée d'un gentilhomme (1), au son des cloches de la paroisse... »

« M. le maire est le télégraphe de notre commune ; en le voyant, on sait tous les événements. Lorsqu'il nous salue, c'est que l'armée de la foi a reçu quelque échec ; bonjour de lui veut dire une défaite là-bas ! Passe-t-il droit et fier ? la bataille est gagnée ! Il marche sur Madrid. Que demain on l'en chasse, il nous embrassera, touchera dans la main, amis comme devant. D'un jour à l'autre il change et du soir au matin est affable ou brutal... »

« Le maire est un jeune homme de trente ans, beaucoup plus occupé des filles que du sacrifice de la messe... »

« Le maire de Véretz a battu le curé qui laisse danser, et en le battant lui a dit qu'il était mauvais prêtre, que sa messe ne valait rien, que chaque fois qu'il la disait il commettait un sacrilège et recrucifiait Jésus-Christ... »

« Le maire, ainsi vainqueur du prêtre octogénaire, après avoir battu dans une seule personne la danse et la Révolution, se flatte avec raison du parti puissant et gouvernant... »

Il est évident que ce portrait du maire, tracé par Courier, est exagéré et quelque peu poussé au noir. Mais il n'en est pas moins vrai que Debeaune a laissé au pays un mauvais souvenir.

Il fut souvent, comme on l'a vu, accusé de fautes graves dans l'exercice de ses fonctions : faux, violences, abus d'autorité, etc., et plusieurs fois réprimandé par le préfet. Mais il affichait un grand zèle royaliste, célébrait avec éclat les fêtes du roi sur les terrasses de son château, et pourchassait les « mauvais sujets ». Enfin, il fit si bien qu'il fut main-

____

(1) Il s'agit de la naissance de son second fils, Adrien-Henri, né le 18 mars 1819.

tenu dans ses fonctions pendant toute la Restauration (1).

Néanmoins il est bien établi qu'il ne sut pas comprendre son rôle de maire, qu'il fit surtout servir son autorité à la satisfaction de ses rancunes ou de ses intérêts, et qu'il n'administra pas mieux la commune que ses propres affaires. Acculé à la misère par ses dépenses exagérées et son incurie, il chercha ensuite à faire argent de tout : il vendit, dit-on, comme matériaux, jusqu'aux murs de son parc, ce qui le fit surnommer « Croque-Murs (2) » par les mauvais plaisants de Véretz.

2° Pierre CLAVIER, dit BLONDEAU.

Pierre Clavier, dit Blondeau, était né à Ballan (Indre-et-Loire) en 1764 : il vint se fixer au pays vers l'an XII comme

---

(1) Il avait comme ami et puissant protecteur le sénateur comte Clément de Ris, acquéreur de biens nationaux, demeurant au château de Beauvais, commune d'Azay-sur-Cher, et qui était propriétaire de plusieurs fermes en la commune de Véretz. C'est lui qui avait été enlevé de son château, par des brigands, le 1er vendémiaire an VIII (22 septembre 1799), vers 6 heures du soir, et enfermé pendant près d'un mois dans une cave de la Beaupinaye, près la forêt de Loches. M. Debeaune, dans toutes les situations difficiles, avait recours à Clément de Ris, qui lui répondait dans les termes les plus flatteurs :

« *A Monsieur de Beaune, à sa terre de Véretz.*

« MONSIEUR ET CHER VOISIN,

« ... Veuillez, mon très cher, faire agréer à madame de Beaune l'hommage de mon respect, et recevez l'assurance, bien cordialement renouvellée, des sentiments de bon voisinage, de considération et d'attachement de votre empressé serviteur.

« Clément DE RIS. »

(Paris, 12 mai 1829.)

(2) Renseignement communiqué par M. Stanislas Meusnier, âgé de 83 ans, et qui a parfaitement connu M. Debeaune.

vigneron ; il demeurait au hameau du Fouteau en 1806. Il devint d'abord garde du château de Véretz, puis garde champêtre en 1807. « Aujourd'hui, vingt-quatre juin mille huit cent sept, est comparu le citoyen Pierre Clavier, dit Blondeau, cultivateur, domicilié en cette commune.. Il a donné sa soumission pour remplir les fonctions de garde champestre de la commune de Véretz, au traitement de 200 francs... Nous, maire, voyant que le sieur Pierre Clavier dit Blondeau est le seul qui ce soit présanté pour remplir les fonctions de garde champestre... (*Signé:*) DOUDON-LEDUC, maire. »

« Aujourd'hui, neuf août mille huit cent sept, est comparue à la mairie le sieur Pierre Clavier Blondeau, lequel nous a exibé une commission de garde champestre de la commune de Véretz... et la prestation de serment devant le juge de paix du canton sud du 8 août présent mois... La commission porte qu'il ne sera armé que d'une pique, et ne pourra porter d'autre arme sans une permission spéciale... (*Signé:*) DOUDON-LEDUC. »

Le 30 août suivant, il fait une demande pour « obtenir de M. le préfet une permission de porter l'arme tant pour sa sûreté que pour la conservation des propriétés de cette commune » : « Considérant que le sieur Pierre Clavier dit Blondeau jouis d'une bonne réputation, nous lui avons accordé le dit certificat... DOUDON-LEDUC. »

Il obtint ainsi le permis de port d'arme.

Délibération du 8 mai 1808 : « Le conseil, considérant qu'il convient, eu égard à l'urgence de son zèle dans l'exercice de ses fonctions, de fixer à une plus forte somme le traitement du sieur Clavier Blondeau, garde champestre... »

12 février 1809 : « Considérant que le sieur Clavier Blondeau jouit d'une bonne réputation et qu'il s'est perfettement bien conduite dans le cours de l'année, etc... DOUDON-LEDUC. »

27 octobre 1811 : « Le conseil municipal examine une
pétition que 17 habitans de Véretz ont envoyée au préfet
contre le garde champêtre en demandant sa destitution
parce qu'il a mis à contribution de 18 à 20 francs chacun
plus de 20 gardiens de bestiaux, et avoir fait payer un sou
à chaque glaneuse, que ses procès-verbaux n'étaient que
l'effet de la vengeance... parce qu'il surveille le parc de
Véretz depuis la mort de M. Perré pour un salaire de
100 francs par an, qu'il a fait toutes les vendanges pour la
succession Perré, qu'il vend les démolitions du ci-devant
château, qu'il chasse journellement, laisse effeuiller les ceps
de vignes, qu'enfin sous d'autres raports il convient de
prononcer sa destitution...

« A la suite de cette plainte du conseil, il est destitué
par le préfet le 14 novembre 1811. — DOUDON-LEDUC,
maire. »

Le « pauvre Blondeau », qui avait eu de si bons certificats
jusqu'en 1809, se vit tout à coup traqué de toutes parts dès
qu'il eut accepté de surveiller la succession Perré : car
c'était là la faute principale que lui reprochait la municipalité, et la raison majeure pour laquelle on demanda sa
destitution, Doudon-Leduc étant le voisin immédiat et
l'ennemi personnel des Perré et des Debeaune.

Après sa révocation, il resta au service du château,
comme garde particulier ; mais, en 1817, son patron l'accusa
de s'être entendu avec les marchands de bois pour le voler
sur la valeur des coupes, et d'avoir détourné à son profit
une partie du produit de la vente. A tort ou à raison, il
fut chassé, et Debeaune refusa de lui payer les 50 francs
qu'il lui devait.

Blondeau reprit encore une fois son pic de vigneron.

Entre temps, sa femme, Marguerite Saumureau, était
morte le 5 octobre 1807. Il se remaria à Esvres, deux ans
après, et cette seconde femme fut condamnée, en 1817, par
le tribunal de police municipale, présidé par M. Debeaune.

à 3 francs d'amende pour avoir traité le curé Marchandeau de « sacré calotin, de polisson et de salop (1) ».

L'année suivante, Blondeau tenta de redevenir garde champêtre, la place étant vacante par suite de la révocation d'Antoine Marot, mais sa demande fut rejetée, le 11 janvier 1818, « parce qu'il a déjà rempli les mêmes fonctions sans pouvoir s'y maintenir » (signé: de Beaune, maire).

.·.

C'est en septembre de cette année-là, quatre mois après son arrivée dans le pays, que Courier prit comme garde particulier de sa forêt Pierre Blondeau, qui prêta serment le 6 novembre 1818. Les ennuis commencèrent aussitôt.

Cet homme avait dans le pays la renommée d'être injuste, sévère et même brutal (2); il avait été révoqué comme prévaricateur et chassé du parc comme voleur. Tous ces faits, peut-être quelque peu exagérés, lui avaient suscité beaucoup de haines parmi les paysans de la contrée, et il était très détesté.

Courier ne pouvait ignorer cette mauvaise réputation; peut-être même fut-elle la cause déterminante de son choix, espérant sans doute effrayer ainsi les maraudeurs de bruyère et de bois mort.

Il eut bientôt à s'en repentir amèrement. Nous pouvons

---

(1) Il est curieux de voir Debeaune, érigé en juge, condamner la femme Blondeau pour avoir insulté le curé, pendant que lui-même l'avait menacé de mort en 1815 et devait le battre en 1823, sans être inquiété...

(2) « Courier... lui avait donné les plus sévères consignes. Envers ceux que Pierre Clavier surprenait à ramasser du bois mort ou de la bruyère, c'étaient les plus mauvais traitements, tels, assurait-on, que le ligotage avec des cordes, ou tout au moins l'exigence d'une amende. » (Louis André.) C'est exagéré, au moins pour le ligotage; M. Debeaune, qui veillait, ne l'eût pas permis.

même dire que le choix de cet homme taré, — qui semblait un défi à l'opinion publique, — le déconsidéra quelque peu lui-même, et fit ressortir plus vivement ses instincts d'avare, dur et égoïste, tandis que ses procès pendants avec Bourgeau et Isambert le faisaient aussi taxer de « processif » et de chicanier (1).

---

(1) « Dans ses procès, l'homme se révèle tel qu'il est, profondément égoïste, très jaloux de ses intérêts, toujours prêt à se croire lésé, et partant à crier à la persécution. » (Desternes et Galland.)

Dans son affaire avec Claude Bourgeau, Courier fait preuve d'une ignorance absolue du droit, et même de quelque peu de mauvaise foi. Il vend deux coupes mal délimitées, avec indication d'une surface bien supérieure à la réalité. Bourgeau empiète sur la coupe suivante et dit avoir été de bonne foi en suivant les fossés, qu'il a pris pour des limites et n'a pas dépassés. Courier appelle Bourgeau devant le tribunal et écrit son mémoire *A Messieurs les Juges du Tribunal de Tours*, dans lequel il réclame 5.035 francs de dommages-intérêts.

Il est nommé, pour vérifier le litige, trois experts qui découvrent que, même avec l'outrepasse, le marchand de bois n'a pas abattu la surface indiquée à la vente; en outre, M. Courier a fait marquer, dans les coupes vendues, 17 baliveaux de plus que le nombre convenu.

Le jugement fut rendu le 25 février 1819 : « Considérant qu'il résulte du rapport et du plan dressés par les experts que les deux coupes vendues à Bourgeau, au lieu de contenir ensemble, ainsi qu'il est dit dans l'adjudication, $19^h,67^a,23^c$, ne contiennent au contraire, déduction faite des grands chemins qui les traversent, que $18^h,65^a,93^c$;

« Que les deux coupes sont renfermées d'un long et des deux bouts par des fossés et que Bourgeau n'a point outrepassé l'extrémité de ces fossés;

« Qu'il est vrai que Bourgeau anticipe sur la 11ᵉ coupe de la forêt, mais a été induit en erreur par l'extrémité des fossés qu'il est facile de prendre pour les limites de ces coupes;

« Que d'un autre côté il a d'autant mieux pu commettre une erreur à cet égard que même en ajoutant l'outrepasse aux dites 9ᵉ et 10ᵉ coupes, il lui manque encore $1^h,01^a,28^c$ pour atteindre la quantité de bois vendue...;

La vengeance ne se fit pas longtemps attendre; un mois, après, on lui volait son bois.

« Le 12 décembre, on coupa et enleva, dans ma forêt de Larçai, quatre gros chênes baliveaux, de quatre-vingts ans... Quelque temps après on coupa dans la même forêt dix-neuf chênes, les plus gros et les plus beaux de tous... Dernièrement, on a coupé un gros baliveau de soixante-quinze ans. On a tenté de mettre le feu en différents endroits (1)... »

Courier écrivit au maire pour l'informer des vols commis dans ses bois, ainsi que des perquisitions qu'il voulait faire faire chez les particuliers soupçonnés du délit. Blondeau rédigea son procès-verbal, qu'il mit dans sa poche afin de le montrer au maire, et se présenta au château de Véretz, dans l'après-midi du jeudi 17 décembre, pour prier M. Debeaune d'autoriser les visites domiciliaires et de l'accompagner. Comme, à son retour, il devait repasser par la forêt avant de rentrer à la Chavonnière, il s'était muni de son fusil, qu'il portait en bandoulière, avait pris son carnier, appelé son chien, et c'est en cet équipage qu'il arrivait, sans défiance, chez son plus terrible ennemi.

Cette imprudence allait lui coûter cher.

« Considérant que le dit Bourgean n'a pas coupé la quantité de bois à lui vendue, qu'en lui laissant l'outrepasse il lui manque encore 1ᵐ,01ᵈ,28ᵗ, c'est-à-dire plus d'un vingtième de la quantité vendue...;

« Déboute Courier de la demande formulée contre Bourgeau, et condamne Courier à payer à Bourgeau 776 francs pour la valeur du bois qui manque; 470 francs pour 47 baliveaux qu'il a marqués en trop, et aux dépens fixés à 109 fr. 20. »

« Pamphlétaire haineux et mauvais avocat, Courier substitue à la discussion des faits les injures et les insinuations tout à fait étrangères à la cause. Aussi, il perd deux fois ses procès : les juges le condamnent aux dépens, le public au ridicule. » (Desternes et Galland, *Trois Procès*.)

(1) *Placet au ministre.*

Debeaune, qui depuis quinze jours attendait l'occasion de le surprendre en délit de chasse, ne manqua pas d'en profiter. Il était sur sa terrasse, et d'aussi loin qu'il vit venir le garde, il l'interpella vivement : « De quel droit chassez-vous sur mes terres ? — Je ne chasse pas, répond Blondeau. — Et votre permis de port d'arme, où est-il ? — Je n'en ai pas, et n'en ai pas besoin. » Debeaune crie, menace ; Blondeau répond pour se disculper, expliquer sa présence, le motif qui l'amène, et la discussion devient violente. Alors, pour en finir, il essaye de parler de son procès-verbal, qu'il présente, et des visites domiciliaires ; mais Debeaune n'écoute rien, ne veut rien entendre et, toujours criant, lui annonce qu'il va lui dresser procès-verbal, et s'en va.

C'est en le voyant partir sans avoir pu aboutir que Blondeau lui cria : « Je me fous de vous », ou comme on nous l'a dit : « Allez vous faire foutre, alors... Je me fous de vous et de votre procès (1) ! » « C'est là le crime qu'on lui suppose et pour lequel on va détruire toute l'existence d'un père de famille de 60 ans, qui a toujours vécu sans reproche (2). »

Debeaune dressa immédiatement son procès, pour chasse sans permis, insultes et menaces, et l'envoya le soir même.

Le lendemain, Blondeau partit pour Tours, afin de remettre le sien au procureur. Celui-ci, déjà prévenu contre lui, le reçut fort mal et le tança sérieusement : « Le garde de M. Courier a apporté à M. le procureur un procès verbal constatant un délit très répréhensible dans les bois de M. Courier. M. le procureur a demandé au garde de lui

---

(1) Renseignement donné par M. Stanislas Meusnier, qui le tenait de son oncle, Abraham Milandre. Celui-ci était le barbier de M. Courier, et avait bien connu Blondeau.

(2) Plaidoyer en faveur de Blondeau.

procurer des renseignements ou au moins des indices ou des soupçons fondés sur les auteurs ou complices du délit.

« N'ayant pu obtenir le moindre renseignement, M. le procureur n'a pu rien faire... Quant à Blondeau, il paraît un mauvais destitué avant d'entrer au service de M. Courier, qui ne l'ignorait pas. M. le procureur lui a dit qu'il ne le ménagerait pas s'il commettait de nouvelles prévarications. »

La recherche des bois volés n'eut pas lieu, et cette affaire n'eut pas d'autre suite.

.·.

« Blondeau est assigné pour le port d'arme : il est comme un fou... Je crains que mon fagotage n'en souffre ... Je n'ai point trouvé chez lui le procureur du roi. Je m'en retourne à la Chavonnière et laisse tout aller. Si on persécute Blondeau, adieu mes coupes. »

Blondeau devait comparaître en effet le 16 janvier devant le tribunal correctionnel de Tours.

Courier, qui en était très préoccupé, résolut d'aller parler en faveur de son garde au procureur, qu'il ne trouva point chez lui et auquel il écrivit le lendemain, 7 janvier 1819 :

« Monsieur. j'ai passé hier chez vous pour avoir l'honneur de vous parler. Je ne vous ai pas trouvé. Le nommé Blondeau, mon garde particulier, est accusé par M. Debeaune, maire de Vérctz, de l'avoir injurié. Je vous supplie, Monsieur, de vouloir bien considérer dans cette affaire que M. Debeaune est depuis longtemps l'ennemi déclaré de cet homme qu'il poursuit avec acharnement, ce qui, j'espère, vous déterminera à exiger des preuves rigoureuses du délit dont on l'accuse.

« Je vous crois trop juste. Monsieur. pour servir d'instrument aux passions de qui que ce soit.

« J'ai l'honneur d'être, etc... »

A la suite de cette lettre, le vice-président du tribunal.
M. Decam. tenta d'arrêter les poursuites. Il parvint à faire
consentir Debeaune à retirer sa plainte si le garde lui faisait des excuses publiques. Blondeau accepte avec joie cet
arrangement, et le maire convoque le conseil pour le 18. à
l'effet de recevoir à la mairie les dites excuses.

Mais, par une inconcevable aberration. Blondeau ne vint
point faire les excuses promises ! Qui donc l'en avait empêché ? Est-ce Courier qui lui avait donné ce mauvais conseil ? Nous le croyons, sans pourtant en avoir d'autre preuve
que la petite scène qu'il invente de cette comparution. dans
son *Plaidoyer en faveur de Blondeau* : « Au milieu du procès, dans la plus grande rage de ses persécutions. quand
son garde champêtre (1). ses cédules. ses huissiers ne me
donnaient point de relâche. tout d'un coup. il feint de
s'adoucir. d'avoir pitié de moi. de vouloir me laisser vivre.
On m'apprend de sa part que si je veux lui faire quelques
excuses. le dimanche suivant. toute plainte contre moi
cessera. J'arrive à l'heure dite. je trouve à la mairie le
conseil assemblé, beaucoup de gens et M. le maire. auquel
je fis excuse (de quoi. grand Dieu ?) le plus humblement
que je sus, lui demandant pardon de l'avoir offensé. sans
dire où ni comment, de peur de mentir. promettant de ne
plus le faire à l'avenir. Il paraissait content, tout allait le
mieux du monde. On ouvre devant moi le gros registre de
la commune, on lut un long narré où je ne compris mot :
on me dit de signer. J'allais signer ; quelqu'un me retint :
« Prends garde. me dit-il, tu vas signer que tu as insulté
« M. le maire, que tu l'as menacé... » Ces mots me don-
nèrent à penser ; je refusai ; je demandai à me consulter.
et là-dessus M. le maire : «Tu iras en prison...» Je n'entendis pas le reste, car on me fit sortir. Mes excuses ainsi sont

____

(1) René Boizeau.

restées sur le registre de la commune, et mes menaces et
autres choses, mais non signées de moi, Dieu merci... Voilà
les finesses de M. Debeaune...

« Le cas que fait M. Debeaune de l'autorité judiciaire a
mieux paru dans cette affaire-ci. Quand les juges de Tours
le firent appeler pour information, il fit répondre par son
garde champêtre : « M. le maire n'a pas le temps ! »

« Qu'un maire est grand dans son village ! Tout s'empresse
à lui plaire ; tout tremble à sa parole. Il poursuit, il accable
quiconque a le malheur d'attirer son courroux (1). »

Voici, maintenant, le procès-verbal que le maire a dressé
de cette affaire : « Aujourd'hui lundy, dix-huit janvier mil
huit cent dix-neuf, M. l'adjoint et MM. les membres du
conseil municipal de la commune de Vérelz assemblés, sur
la réquisition à eux faite par M. le maire de la commune,
pour être présents et témoins à la réparation de menaces et
injures à lui faites par le sieur Clavier Blondeau, garde particulier de M. Courier, et à lui promise par ce *dernier* (2) le
seize de ce mois par l'organe de Mᵉ Lavigne, son avoué,
pour éteindre et assoupir l'instance pendante contre lui à
la police correctionnelle et qui devait être jugée ce même
jour. Le dit Blondeau ayant, d'après la promesse par lui
faitte à M. le maire de se présenter ; n'ayant point comparu,
et MM. les membres du conseil ainsy que M. le maire et
son adjoint assemblés, ayant attendu inutilement plus d'une
heure, M. le maire a dressé acte de la non-comparution du
dit Blondeau, pour lui servir et valoir ce que de raison.

« A la mairie de Vérelz les jour, mois et an susdits.

« (*Signé :*) DE BEAUNE. »

____

(1) Debeaune avait révoqué deux gardes champêtres, Antoine
Marot en 1818 et Jacques Mosny en 1824 ; un autre, René Boizeau,
avait démissionné en mai 1824. Il révoqua le secrétaire de mairie
en 1827.

(2) L'expression « ce dernier » ne désigne certainement pas
M. Courier, mais Blondeau.

Il est bon de faire remarquer que ce procès-verbal n'est
pas signé par l'adjoint et les conseillers présents.

S'il est sincère, comme nous avons lieu de le croire, le
Plaidoyer devient complètement faux, au moins dans cette
partie, puisque Blondeau n'a pas comparu. Il est vrai que
ce n'est pas la première fois que nous trouvons Courier en
contradiction avec les pièces officielles.

.*.

Blondeau avait été mal inspiré en manquant à sa promesse. Eh quoi ! pour le tirer de ce mauvais pas, un juge
s'était interposé en sa faveur: sa comparution devant le
tribunal, fixée au 16 janvier, avait été retardée pour permettre d'arranger l'affaire, et il s'aliénait ces bonnes vo-
lontés en se dérobant ! C'était se rendre indigne de toute
pitié.

Il comparut devant le tribunal le 5 mars 1819, et fut
condamné, comme bien on pense.

Le dimanche suivant, 7 mars. Debeaune fit publier à
l'église, par le curé, la condamnation de Blondeau en la
modifiant à son gré : « Par jugement rendu le 5 mars dernier au tribunal de police correctionnelle de Tours. Clavier
Blondeau. garde particulier. a été condamné à 30 francs
d'amende, à la confiscation de son fusil à deux coups et aux
frais du procès, pour avoir porté des armes de chasse et
chassé sans permis de port d'arme.

« Plus, à un mois d'emprisonnement. pour avoir menacé
et injurié M. le maire de Véretz.

« (*Signé :*) BOURASSÉ.

« *Pour extrait conforme :*
« (*Signé :*) DE BEAUNE. »

Comme nous l'avons dit, le maire avait commis deux
fautes graves en faisant publier ce jugement, et en en mo-

difiant intentionnellement la teneur. Le jugement porte
« outrage par paroles », au lieu des « menaces et injures »
publiées par Debeaune.

Courier dénonça vainement cet abus de pouvoir dans son
Plaidoyer et dans sa *Réponse au préfet :* il ne fut pris aucune
sanction contre Debeaune.

Dès lors. Pierre Blondeau disparut du pays : il fut remplacé par Coupeau comme garde de la forêt de Larçay.

3° Le curé MARCHANDEAU.

Le curé Marchandeau fut nommé desservant de la paroisse de Véretz au mois de janvier 1803 : « Aujourd'hui,
trois pluviôse an XI (1) de la République française, à dix
heures du matin, s'est présenté le citoyen Jacques-Nicolas
Marchandeau, prêtre nommé à la desserte de la cure de
Véretz par l'archevêque de Tours, conformément à la loi
du dix-huit germinal an X et au Concordat, lequel nous a
demandé à être installé ce jourd'hui... lui avons remis la
clef de l'église et sacristie, etc... *(Signé:)* ROUILLER, maire. »

L'église de Véretz était fermée au culte depuis 10 ans :
elle avait été utilisée de diverses manières par la municipalité, qui en fit d'abord une serre pour les orangers du
château, puis une écurie pour les chevaux du 15e régi-

---

(1) Ce même jour, 3 pluviôse an XI, vers minuit, des malfai-
teurs s'introduisent dans l'église, brisent les vases du culte, ré-
pandent et piétinent les hosties, et se retirent sans rien emporter.
Une enquête fut faite le lendemain sans résultat. Le procès-verbal indique que deux témoins ont entendu, à cette heure-là, un
coup de fusil tiré dans l'église ou dans son voisinage immédiat.
C'est l'acte d'un ex-confrère jaloux, ou le sabotage de protesta-
taires libres-penseurs.

ment de chasseurs, dont la caserne était dans les communs
du ci-devant château, enfin le temple décadaire, où tous
les décadis le peuple venait entendre la lecture de la loi.

Marchandeau, prêtre assermenté à la Révolution, et grand
vicaire constitutionnel, succédait à Allain-Dupré, qui fut le
premier maire de Véretz et donna sa démission de prêtre
en 1792.

En l'an XII, Marchandeau était en même temps instituteur. En 1808, la commune lui donnait 100 francs pour
cet emploi. Le 5 février de cette même année, il est nommé
par le préfet conseiller municipal de Véretz.

En 1811, « ses revenus divers : casuel, oblations, quêtes
en denrées qu'il fait faire dans la commune, son école, etc.,
peuvent être évalués à 1.400 francs, sans compter le logement ».

Le 11 mai 1812, Marchandeau fut nommé, par le maire,
greffier du tribunal de police municipale; mais, pour cause
d'incompatibilité, il ne fut pas agréé par le procureur im-
périal.

En 1815, Marchandeau fut de nouveau nommé conseiller
municipal; mais il n'assista plus aux séances à partir du
30 mai 1819, à cause, sans doute, de son grand âge, ou de
sa haine contre le maire qui l'avait si gravement insulté.

.·.

« Le curé de Véretz (1) est un vieillard de 82 ans, instruit et sage... Du coup que le maire a donné, il a jeté par
terre le bonhomme, qui ne s'est pas relevé, garde encore le
lit... Des gens ont conseillé au curé battu par le jeune
maire d'en demander justice, ayant preuves et témoins.
Il l'a fait, il s'est plaint; les juges... Ce curé est un de ceux

____

(1) Voir pages 29 et 30.

de la Révolution ; il prêta le serment et même fut grand vicaire constitutionnel, homme qui s'est assis dans la chaire
empestée : il a contre lui toute sa robe. Tout ce qui pense
bien le tient dûment battu, et applaudit au maire. Le procureur du roi, sans doute ignorant cela, d'abord prit fait
et cause pour l'Église outragée, dans l'ardeur de son zèle
voulait couper le poing qui avait frappé l'oint ; mais averti
depuis, il a changé de langage, trop tard : on ne lui pardonne pas d'avoir agi et fait agir la justice dans cette
affaire... Le préfet, mieux avisé, instruit d'ailleurs, guidé
par le coadjuteur, les moines, les dévotes et les séminaristes, en appuyant son maire et criant anathème au
prêtre de Baal, a montré qu'il entend la politique du jour.
Les juges... pauvres gens, en dépit des preuves, des témoins, ont condamné le plaignant aux frais et aux dépens (1). »

Le curé Marchandeau mourut en 1827, âgé de 86 ans.

4° ISAMBERT.

Augustin Isambert était né à Tours le 14 octobre 1778.
Courier en écrit : « L'homme le plus méprisé, le plus vil,
le plus abject de la province entière (2), a trouvé des amis,
des parents même parmi les magistrats de Tours dès qu'il
m'a voulu faire quelque mal ; et pour avoir chassé ma
femme de chez elle, il va recevoir de moi 2.000 francs, à
titre de dommages-intérêts. »

En vendant son bien à Courier, Isambert se réserva, pour

---

(1) P.-L. Courier, *Gazette du Village.*
(2) Courier est trop insultant pour Isambert, qui fut longtemps
conseiller municipal, qui avait été capitaine de la garde nationale
et jouissait dans le pays d'une excellente réputation.

10 ans, la jouissance d'une partie des bâtiments (1), celle du midi, qui fut démolie par les marchands de biens en 1872.

Il n'y avait, pour la cour, qu'une seule entrée, qui devait servir aux deux ménages (2). Cette communauté amena la discorde, et la domestique d'Isambert (3), femme grossière et méchante, fit bientôt entendre à Mme Courier les plus graves injures, accompagnées de menaces, qui l'effrayaient. Courier résolut d'y mettre un terme.

Le dimanche 18 octobre 1818, Isambert étant sorti en voiture, avec sa domestique et le fils de cette dernière, revint vers 8 heures du soir pour rentrer chez lui. Mais, pendant son absence, M. Courier avait fermé la grille d'entrée et refusa de la lui ouvrir à son arrivée, voulant ainsi l'obliger à vider les lieux.

Isambert alla passer la nuit avec son monde dans l'auberge tenue par Pissard, en la Vieille-Rue de Vérelz, et le lendemain matin se présenta de nouveau à la Chavonnière, accompagné de trois témoins, mais sans plus de résultat ; il se rendit enfin chez le maire pour en faire dresser procès-verbal : « Aujourd'hui, 19 octobre 1818, s'est présenté à la mairie de Vérelz M. Augustin Isambert, propriétaire, demeurant à la Chavonnière, lequel nous a déclaré qu'hier, à l'heure de huit du soir, il s'est présenté aux portes de la Chavonnière, avec les gens de sa maison et son cheval, pour rentrer dans son domicile ; qu'après avoir frappé et refrappé, M Courrier, propriétaire de la maison, s'est présenté à l'intérieur de la porte et lui a répondu qu'il n'ouvrait à

---

(1) Voilà un curieux marché, et nous nous étonnons fort que Courier ait accepté de pareilles conventions.

(2) « Ainsi Courier a consenti à cohabiter avec cet inconnu pendant 10 ans ! » (Desternes et Galland.)

(3) Marie-Louise Delaveau, dite Manette, célibataire, était née à Thouars le 10 juin 1786. Elle eut un fils, né à la Chavonnière le 5 octobre 1815.

personne. Sur lequel refus, M. Isambert s'est retiré, et alors
assisté de trois témoins nommés Perret-Huret, tonnelier,
François Pissard, tisserand, et Charles Moreau, charron,
tous domiciliés à Véretz, M. Isambert s'est de nouveau
représenté, et en présence des témoins, il a sommé
M. Courier de lui ouvrir la porte à lui et ses gens. Sur
son refus, M. Isambert a observé qu'il était momentanément
sorti de chez lui, que ne pouvant penser que la porte de
son domicile lui serait fermée, il était, lui et ses gens, sans
argent et sans effets, qu'il désirait entrer pour prendre de
l'argent et les choses de première nécessité afin de pouvoir
se procurer un logement ailleurs ; que M. Courrier s'est
obstiné et lui a refusé toute entrée, alors M. Isambert, ayant
fait constater ce refus par les témoins, s'est retiré. Laquelle
déclaration a été faite et reçue par moi, maire de la commune de Véretz, en présence des témoins qui ont signé
avec le sieur Isambert, excepté le sieur Pissard, qui a déclaré
ne le savoir.

« *(Signé :)* MOREAU, ISAMBERT, P. HURET et DE BEAUNE.
maire. »

« Et le dit jour, dix-neuf octobre, à l'heure de deux après
midy, s'est présenté à la mairie de Véretz le dit sieur Isambert,
lequel nous a déclaré qu'il vient de se présenter de nouveau
à la Chavonnière, avec les sieurs Pissart et Moreau, ses deux
témoins, qu'alors il a interpellé et sommé M. Courrier, en
présence de ses deux témoins, de lui ouvrir, à lui et ses
gens, la porte de sa maison, que M. Courrier lui a répondu
qu'il voulait bien et ne s'opposait point à l'entrée de
M. Isambert, mais qu'il refusait l'entrée de sa maison à
Mlle Manette Delaveau et à son enfant, attendu que Mme son
épouse mourrerait de frayeur d'après les injures qu'elle a
reçues de cette femme. Laquelle déclaration et refus de
M. Courrier, faille en présence de nous, maire, en celle du
garde champêtre et de plusieurs individus qui se trouvaient
dans la maison. M. Isambert nous a requis de constater

pour lui servir et valoir ce que de raison auprès des juges compétents.

« (*Signé :*) ISAMBERT, MOREAU, BOIZEAU (garde champêtre) et DE BEAUNE, maire. »

.·.

Isambert appela Courier devant le tribunal civil de Tours. Celui-ci fit valoir « que cette fille (Manette) a menacé Mme Courier, a voulu la frapper, l'aurait frappée sans la présence de témoins, l'a injuriée gravement en la traitant avec les expressions les plus outrageantes, ajoutant qu'elle se vengerait de M. et Mme Courier, qu'on ne la connaissait pas, qu'on ne savait pas de quoi elle était capable, et quand elle aurait fait son coup, sans vouloir expliquer lequel, elle quitterait le pays (1) ».

Isambert répliqua : « Je dénie les faits articulés par le sieur Courier et soutiens au contraire que c'est moi, Isambert, et ma domestique, qui avons à nous plaindre d'injures et de menaces de la part des sieur et dame Courier. »

Qui croire ?

Par jugement du 24 octobre, le tribunal, sans juger l'affaire au fond, ordonna la rentrée provisoire d'Isambert à son domicile, et dès le lendemain il se présenta à la Chavonnière ; Courier le laissa entrer et il s'y établit avec son monde.

« Neuf jours après, le 2 novembre, il sort pour ses affaires avec ses gens, vers les 3 heures et demie, et quand il veut rentrer, à 6 heures, la porte est fermée aux verrous et il ne peut se la faire ouvrir. Il se rend auprès du maire, qui le renvoie au garde. Il va à la Chavonnière avec des témoins. On frappe à coups redoublés ; une lumière qui se voyait

----

(1) Défense de Courier au tribunal.

dans les bâtiments s'éteint ; la porte ne fut pas ouverte, et Isambert retourna à l'auberge (1). »

Courier avait trouvé qu'Isambert ne le débarrassait pas assez vite. Cette fois l'éviction fut définitive : il ne revint à la Chavonnière que pour déménager.

Par arrêt du tribunal du 5 janvier 1819, la réserve de jouissance d'Isambert fut convertie en une somme annuelle, et Courier était condamné à lui payer 200 francs par an jusqu'à l'expiration des dix années, plus 800 francs de dommages intérêts.

« J'ai été chez Delavergne (2). Notre procès contre Isambert a été jugé ; nous sommes condamnés à lui payer une indemnité, tous les frais, et 200 francs par an pour se loger où il voudra. Tout le monde trouve cela ridicule, et tous les gens de loi en sont révoltés. Je m'en vais chez le procureur du roi, qui, à ce qu'on dit, est parent d'Isambert (3)... »

Courier fit appel de ce jugement devant la cour d'Orléans, qui le condamna, le 7 février 1820, à payer à Isambert, en plus des 200 francs par an, la somme de 309 francs pour dépense extraordinaire pendant 103 jours, à raison de 3 francs par jour ; 90 francs pour la nourriture du cheval pendant 82 jours ; 51 fr. 05 pour frais de signification, etc... ; 18 francs pour dégâts commis par les insectes dans le linge et les provisions ; 25 francs pour le transport des meubles ; enfin à tous les dépens.

* *

En 1814, Isambert, qui était célibataire, fut l'un des cinq hommes que la commune devait fournir pour former la garde nationale de Paris ; il était alors âgé de 36 ans. Il fut

______

(1) Desternes et Galland.
(2) Avoué à Tours.
(3) Lettre à Mme Courier.

dirigé, avec Michel Duquesne, Jean Gérier, Louis Pinel et
François Clavier (le fils de Pierre Blondeau), sur le camp
de Meaux, où se formait la garde. Renvoyé dans ses foyers,
il fut nommé capitaine de la garde nationale de Véretz,
puis destitué le jour de la fête célébrée à l'anniversaire de
la rentrée de Sa Majesté dans son royaume, le 12 mai 1816 :

« Considérant que nous avons donné l'ordre par écrit au
sieur Isambert, capitaine de la garde nationale, de commander trente hommes pour se rendre le dimanche 12 mai
présent mois à la maison commune, à 9 heures et demie du
matin, pour accompagner le corps municipal de cette commune, ensuite se rendre à l'église, afin d'assister à la cérémonie religieuse qui devait avoir lieu pour la célébration de
l'anniversaire de l'entrée de notre Bon Roi à Paris... ; considérant qu'il s'est rendu sur la place publique et de là à
l'église... ; enfin qu'après la cérémonie il s'en est allé avec
la garde sans daigner attendre le corps municipal... ;
considérant que sa conduite annonce un mépris formel
pour l'autorité municipale qu'il cherche à avilir... Arrête :
Le sieur Isambert est destitué...

« Véretz, 13 mai 1816.

« (*Signé :*) HURET, adjoint. »

Isambert fut conseiller municipal de Véretz de 1815 à
1819, époque où il quitta la commune pour aller vivre à
Tours, après son éviction de la Chavonnière.

Il redevint propriétaire de cette ferme lors de la vente de
la succession Courier, le 23 juillet 1827, mais ne l'habita
pas.

Pendant son séjour à Tours, il se maria et eut une fille
qui, en 1839, épousa le Polonais Kantarowicz, et à laquelle
il donna la propriété de la Chavonnière par contrat de
mariage.

5° **HERPIN**, médecin.

Auguste Herpin naquit à Tours, le 16 janvier 1796. Il se fixa à Véretz en remplacement de Guinebeau, chirurgien. Il fit sa déclaration de résidence le 20 mars 1817 : « Aujourd'hui vingt mars mil huit cent dix-sept, *a* dix *heure* du matin, *c'est présanté* à cette mairie M. Auguste Herpin, *chirugien*, *lequel* nous a déclaré *vous loir* fixer son *domicille* en cette commune, et nous a *ensuille exibé* son titre de *reception* de *chirugien* par le jury médical du département d'Indre-et-Loire enregistré à la préfecture de ce département le dix-huit novembre mil huit cent seize et transcrit*e* au greffe du tribunal civil de Tours le dix neuf novembre 1816.

« À la mairie de Véretz, les jours, mois et an que dessus.

« (*Signé :*) HURET, adjoint, et HERPIN, chirurgien... »

Il est qualifié plus tard d'officier de santé.

Il fut l'ami de P.-L. Courier. C'est lui qui déclara la naissance de son deuxième enfant, en 1824.

Frémont et René Saget vinrent demander Courier chez lui, le 10 avril, vers minuit.

Il procéda, avec le médecin légiste Mignot, à l'autopsie du corps de Courier en la ferme du Guessier, chez Sergent-Lemay. C'est lui que Mme Courier rencontra à Larçay, lorsqu'elle revint à la Chavonnière, après l'assassinat, le mercredi 20 avril, vers 4 heures du soir ; elle lui demanda si son mari avait beaucoup souffert avant de mourir, et il la rassura sur ce point.

C'est lui qui soigna Symphorien Dubois pendant la maladie dont il mourut en 1827.

Il fut chargé par la cour d'assises, en 1830, d'examiner le témoin Veillault, au sujet d'une cicatrice que lui avait vue la fille Griveau. Il trouva en effet, à la cuisse droite, la cicatrice indiquée.

M. Herpin fut nommé adjoint le 7 septembre 1830, puis maire de Véretz le 13 mars 1831.

Il administra la commune pendant quarante ans, fut nommé chevalier de la Légion d'honneur en 1852, et mourut en 1884, à l'âge de 88 ans. Son décès fut déclaré à la mairie par Paul-Etienne Courier, âgé de 63 ans, ancien officier d'état-major, demeurant à Mettray, fils aîné de Paul-Louis.

6º Le marquis DE SIBLAS.

Le marquis de Siblas vint s'installer, en 1821, à la Roche-Morin, distante d'un kilomètre à peine de la Chavonnière. Il eut avec Courier des rapports de bon voisinage. C'est chez lui que Mme Courier fut invitée à déjeuner pendant que son mari était en prison. Nous savons qu'elle ne s'y rendit pas et que son mari l'en félicita.

Le chemin rural de la Chavonnière au Puits-d'Abats passait devant sa maison ; il obtint du conseil de le déplacer, en 1823, pour le reporter plus à l'est, où il se trouve actuellement.

Il fut nommé maire de Véretz, le 7 septembre 1830, après Debeaune, réorganisa la garde nationale de la commune, qui comptait 110 hommes de 18 à 40 ans, et lui donna pour instructeur Florent Desouches, qui était payé 30 francs par mois.

Il ne remplit les fonctions de maire que six mois. M. Herpin fut nommé, le 13 mars 1831, « en remplacement de M. de Siblas, *appelé à d'autres fonctions* ».

Il disparaît du pays à cette époque, sans que nous ayons pu savoir à quelles fonctions il avait été appelé. Sa propriété fut vendue, en 1834, à la famille Huret, qui l'a possédée jusqu'à ces dernières années.

7° Pierre DUBOIS.

« Au printemps de 1823, Pierre Dubois entrait à la Chavonnière comme laboureur et charretier aux conditions alors faites aux domestiques tourangeaux : 200 francs par an, avec sabots, blouse et chapeau pour la première année. »

Il était marié avec Cécile Roy, la sœur d'un cabaretier d'Esvres, et demeurait en cette même commune, au hameau du Rang-du-Bois.

« Pierre était un robuste gaillard, à épaisse chevelure brune. Il avait 28 ans, le même âge que Mme Courier. Comme elle, il était légèrement marqué de petite vérole. Une bouche petite, des dents blanches et bien rangées, un nez mince, des yeux gris et souriants lui faisaient une physionomie fine, intelligente, expressive (1). »

Comme nous l'avons dit plus haut, Mme Courier en devint amoureuse : elle le recevait à sa table, l'accompagnait aux foires et assemblées, lui donnait publiquement le bras, entrait avec lui dans les cabarets, buvait dans son verre.

Une fois, dans la chambre de l'écurie, la Michelle, femme du garde Frémont, survenant inopinément, la trouva assise sur le lit où Pierre Dubois était couché (déposition de la Michelle).

Un soir, à Saint-Avertin, surpris par un mauvais temps, ils passèrent ensemble la nuit dans une auberge.

A la cuisine, devant les autres domestiques, elle le taquinait, lui mettait elle-même les morceaux dans la bouche, le faisait boire.

Frémont avait fait un trou dans un volet de la chambre jaune pour guetter leurs ébats. Pierre quitta la Chavonnière le 18 juillet 1824, après la dispute avec Courier au sujet du fusil ; il n'y était resté qu'un an et demi. Il alla ensuite

____

(1) Louis André.

faire la moisson à Cheillé. C'est lui, sans doute, « l'homme
aux souliers ferrés » que Marie Jamme (1) avait entendu causer
avec Mme Courier dans la nuit du 15 au 16 août 1824.

Après l'assassinat de Courier, lors de la perquisition faite
chez lui, on trouva des journaux semblables à celui qui avait
servi à bourrer le fusil de Frémont. Il dit aux magistrats
qu'il les avait reçus de la cuisinière de la Chavonnière,
Françoise Gauthier, qui nia les lui avoir donnés. Un fusil
fut rapporté par un voisin qui raconta que la femme de
Dubois le lui avait remis pour le cacher chez lui ; il appartenait, disait Pierre, à Julien Urson, qui le lui avait prêté
pour aller à l'affût : il l'avait depuis trois mois, et on le
trouva chargé.

Pierre Dubois fut arrêté le 12 avril, écroué à la maison
d'arrêt de Tours et mis au secret. Il fut remis en liberté le
17 mai suivant, jour où fut admis l'alibi invoqué par les
Dubois.

Pierre devint ensuite garde-vente de la forêt pour des
marchands de bois, sur la recommandation de Mme Courier, en 1825.

Il fut de nouveau arrêté le 7 décembre 1829, sur la dénonciation de Sylvine Griveau, passa devant la cour d'assises d'Indre-et-Loire et fut acquitté le 14 juin 1830, par
6 voix contre 6.

Il mourut à Esvres le 4 février 1877, à l'âge de 82 ans.
Il occupait encore l'emploi de garde-vente que Mme Courier
lui avait procuré dans la forêt.

On dit qu'après son acquittement, il avait menacé et

----

(1) Marie-Thérèse Jamme, femme de chambre, qui couchait
dans un petit cabinet, sous l'escalier, avait, de son lit, entendu sa
maîtresse causer dans le vestibule avec un homme chaussé de
souliers ferrés. C'est elle aussi qui avait entendu une partie de
la dispute de Courier avec Pierre Dubois, le 18 juillet. Elle se
maria le 6 mai 1828 avec Louis Butet, marinier au bourg de
Véretz, et exerça la profession de sage-femme pendant quarante ans.

mis en joue André Tricot, le cabaretier du Chêne-Pendu, qui avait déposé contre lui à la cour d'assises.

Avant sa mort, il avait pu voir poser, sur la place de Véretz, la première pierre du monument érigé au grand homme qu'il avait assassiné !

8° Symphorien Dubois.

Il n'était connu dans la commune que sous le nom de Phorien.

C'est son frère Pierre qui, en février 1824, le fit entrer à la Chavonnière. De deux ans plus jeune que Pierre, il était célibataire et revenait de l'armée. « C'était un homme d'un blond rouge, plus grand, plus fort et plus rude que son frère, non moins beau. » Il devint aussi l'amant de M⁽ᵐᵉ⁾ Courier, qui, nous l'avons dit, invitait fréquemment les deux frères à sa table. Parfois, faisant placer à sa portée tout ce dont elle avait besoin pour le repas, elle dispensait de service sa femme de chambre.

Alors, on s'amusait.

Son rôle est assez connu dans l'assassinat de P.-L. Courier. Néanmoins, le lendemain du crime, de bonne heure, il partit pour Tours s'enquérir de son maître auprès de M⁽ᵉ⁾ Bidault, le notaire.

Il fut arrêté le 13 avril 1825, pendant que son père l'était aussi à Azay-le-Rideau. Le père fut remis en liberté dès le 16 avril, après trois jours de détention, pendant que Symphorien ne le fut que le 17 mai, en même temps que son frère, en raison de l'alibi invoqué. Ce jour-là, au moment où il rentrait à la Chavonnière, M⁽ᵐᵉ⁾ Courier alla au-devant de lui et lui dit : « Ah ! mon cher ami, j'ai bien pris part à tes peines. »

Après la disparition de Courier, il dirigea l'exploitation

de la Chavonnière, prit des allures de commandement, et se fit détester des autres domestiques par sa morgue et son insolence. La tradition a conservé un mauvais souvenir de cet orgueilleux valet.

Craignant toujours une défaillance de ses complices, il les voyait fréquemment pour s'assurer de leur discrétion, les menaçant d'avoir affaire à lui s'ils ne tenaient pas leur langue. On sait comment il se débarrassa de Joseph Barier, qui parlait trop.

.

Un dimanche matin du commencement d'août 1827, deux ans après l'assassinat, il ramenait à la ferme une charretée de gerbes, monté sur la charrette. En arrivant aux murs du clos de la Chavonnière, la charrette passa trop près d'une fosse, aujourd'hui comblée, qui se trouvait là, et versa dans l'eau vaseuse. Phorien fut projeté dans la mare avec une grande violence, eut le corps meurtri, en sortit comme il put, pendant que l'autre domestique, coupable de n'avoir pas bien dirigé l'attelage, s'efforçait de retirer le cheval de limon du milieu des brancards brisés. Le cheval fut relevé sans grand mal. Symphorien, fatigué par le choc et les gerbes tombées sur lui, complètement mouillé et couvert de vase, regagna lentement l'écurie où il logeait. Il changea de vêtements et revint péniblement vers la mare, d'où il fallait retirer les gerbes.

Il avait eu grand chaud à travailler aux champs ; ce refroidissement subit lui fut funeste. Le soir même il fut pris de la fièvre et, au lieu de dîner, se mit au lit : il ne devait plus le quitter. Il fut bientôt pris d'un violent délire pendant lequel il jurait, criait des paroles grossières, des « oui, Madame », des « non. Madame », tandis que Mme Courier, anxieuse, s'efforçait de le retenir et de le calmer : « Symphorien, mon ami, tranquillise-toi !... Voilà la sueur qui te prend, cela te fera du bien », et elle essuyait cette sueur

« avec son fin mouchoir de batiste doucement mené par sa main délicate ».

Malgré les soins empressés de Mme Courier, qui avait aussitôt mandé le médecin Herpin, Symphorien expia ses crimes le 18 août, à 6 heures du soir, après de violents accès de fièvre chaude, où il avait manifesté une agitation extrême, divaguant et prononçant des paroles incohérentes !

Au moment de l'ensevelir, Mme Courier chercha dans son coffre, y prit un anneau et le mit au doigt du mort, en la présence du père Dubois et de la veuve Piolon.

Il fut enterré le dimanche 20 août, huit jours après l'accident. Il avait été domestique à la Chavonnière environ 3 ans et demi.

.·.

Voici l'acte de décès de Symphorien, qui donne des renseignements précis sur la famille Dubois : « L'an mil huit cent vingt-sept, le dix-neuf août, à l'heure de midi, devant nous, maire, officier de l'état civil de la commune de Véretz, est comparu Pierre Dubois, cultivateur, domicilié commune d'Azay-le-Rideau, lequel, en présence de Pierre Dubois, garde particulier, âgé de trente-trois ans, domicilié commune d'Esvres, et de Jean-Louis Dubois, cultivateur, âgé de vingt-cinq ans, domicilié commune de Cheillé, canton d'Azay-le-Rideau, nous a déclaré qu'hier, dix-huit de ce mois, à l'heure de six du soir, est décédé au lieu de la Chavonnière, commune de Véretz, Simphorien Dubois, son fils, gagiste, âgé de trente-un ans et huit mois, né commune de Cheillé le vingt-deux ventôse an cinq. En foi de quoi nous avons signé le présent avec le sieur Pierre Dubois fils...

« *Le Maire,*

« DE BEAUNE. »

9° Louis FRÉMONT.

Frémont était originaire de l'Anjou. C'est comme jardinier qu'il fut embauché à la Chavonnière en 1819. Il était célibataire ; mais il épousa, quelques mois après son arrivée, « la Michelle », fille d'un cordonnier du bourg qui n'était connu dans tout le pays que sous son prénom de Michel (1) : « Le deux mars mil huit cent vingt sont comparus Louis-Jacques Frémont, jardinier, âgé de trente-trois ans et demi, né commune de Mazé, arrondissement de Baugé, département de Maine-et-Loire, le cinq septembre mil sept cent quatre-vingt-six, fils majeur de Louis Frémont, cultivateur, et de Perrine Licois, son épouse, décédée ville de Beaufort, le dit Louis Frémont représenté par le sieur Jean Prou, vigneron, domicilié ditte commune de Véretz, à l'effet de donner son consentement... Les dits sieurs Louis-Jacques Frémont et Jean Prou domiciliés commune de Véretz...

« Et Jeanne Avenet, gagiste, âgée de vingt-quatre ans cinq mois, née commune de Véretz le vingt-trois fructidor an quatre, fille majeure de Michel Avenet, cordonnier, et de Jeanne Micheau, son épouse, présents et consentants, etc...

« *(Signé :)* FRÉMONT et DE BEAUNE, maire. »
(La mariée et ses parents ne savaient pas signer.)

.•.

C'est au mariage de Frémont que Courier fait allusion dans sa *Gazette du Village :* « Quand j'épousai Lise Baillet... » Mais Jeanne Avenet (la Michelle) n'était pas « embarras-

______

(1) Jamais Frémont ne fut appelé Michel, comme le dit Louis André ; c'est sa femme qui, même mariée, fut toujours appelée « la Michelle », quoique son prénom fût « Jeanne ».

sée », comme il le dit : leur premier enfant est né le
12 juillet 1821, c'est-à-dire seize mois après le mariage.

.·.

Au printemps de 1824, le garde, Coupeau (1), fut renvoyé
à la suite d'altercations avec Courier, et Frémont le remplaça : il cumulait ainsi les fonctions de garde et de jardinier. Il vivait à la Chavonnière, dans une chambre man-
sardée, éclairée par une petite fenêtre au nord, située
derrière la chambre et le cabinet de son maitre, séparée
seulement par un étroit corridor, pendant que sa jeune
femme, la Michelle, demeurait au bourg, chez son père, le
cordonnier Michel Avenet.

« Louis Frémont, entouré d'une réputation générale
d'honnèteté, était surtout l'homme de confiance. Son salaire
était fort élevé : environ 400 francs par an. Ce petit homme,
au front étroit, au visage plat, aux favoris roux, était un
être bizarre, — inquiet, sombre, sournois, — que caracté-
risait une intelligence médiocre. Il s'enivrait souvent, et au
fond de ses yeux gris l'ivresse allumait de mauvaises
lueurs (2). »

Courier recourait à Frémont même pour des soins personnels et intimes. C'est lui qui avertit son maître de l'inconduite de Mme Courier avec Pierre Dubois. Il fut chargé
même de la surveiller, après ses couches, en 1824, afin
qu'elle ne pût s'enfuir de la Chavonnière ; il cacha et mit
sous clef tous les harnais du petit cheval et même de l'âne ;
il dut veiller aux portes et les tenir fermées, afin qu'elle ne
pût recevoir Pierre Dubois. Cependant, il laissa ce dernier
entrer dans la cour, où Mme Courier vint le rejoindre, le

____

(1) On sait qu'il fut aussi soupçonné de l'assassinat de Courier.
(2) Louis André.

2 janvier 1825 ; mais il avertit son maître, ce qui amena la
scène dont nous avons parlé plus haut. Malgré sa surveillance, il ne put empêcher le départ de Mme Courier pour
Paris, le 6 janvier.

Il fut aussi chargé, pendant cette période troublée de
décembre et de janvier, de négocier avec Pierre Dubois,
afin d'acheter à celui-ci les lettres qu'il avait reçues de
Mme Courier. Mais Pierre ne voulut rien entendre, et garda
les lettres.

*
* *

Louis Frémont et Pierre Dubois se rencontrèrent au
cabaret du Chêne-Pendu, le lundi après la mi-carême
(14 mars 1825), avec François Arrault et Martin Boutet.

Environ huit jours avant le crime (dimanche 3 avril 1825),
les mêmes convives se réunirent au Chêne-Pendu, et c'est
ce jour-là que fut décidé l'assassinat de Courier.

A la même époque, Frémont apprit que M. Courier était
en pourparlers avec un nommé Tremblay, de Cormery,
pour le prendre comme garde et régisseur. Le 10 avril, au
matin, il put lire dans le *Journal d'Indre-et-Loire* l'annonce
de Courier demandant un garde. Ceci explique la colère de
Frémont et ses propos à Mignot, de la Ville-aux-Dames, le
matin du 10 avril, jour de l'assassinat.

*
* *

Le soir même, après avoir commis son crime, Louis Frémont, avant de rentrer à la Chavonnière, vers 8 heures,
passa chez lui, à Véretz, pour voir sa femme, qui raconta
ensuite « qu'il avait une figure extraordinaire : qu'il paraissait très pressé et avait à peine pris le temps de boire
deux verres de vin ».

.·.

Louis Frémont fut dénoncé par Mme Courier comme l'assassin de son mari, et enfin arrêté le 22 avril 1825. Les charges contre lui étaient :

1° Sa figure extraordinaire (disait sa femme) le 10 avril à 8 heures du soir ;

2° Cette autre parole à sa femme un peu plus tard : « Si mon chapeau savait ce qu'il y a dans ma tête, je le foutrais au feu. »

3° Le propos, rapporté par Mignot-Habert, que Frémont lui aurait tenu le matin du 10 avril : « Courier, ah ! le gredin, le scélérat, le capon ! Il attrapera bientôt sa part, et plus tôt qu'il ne pense. »

4° Joseph Barier affirmant le rendez-vous fixé, le 10 avril, par Courier à Frémont, ainsi que le conciliabule tenu presque aussitôt dans l'écurie entre Frémont et Symphorien.

Il comparut seul devant la cour d'assises. Défendu par Me Faucheux, il fut acquitté à l'unanimité, le 3 septembre 1825. Mais il quitta la Chavonnière.

Il fut appelé comme témoin au deuxième procès, en 1830. Sûr de l'impunité, il avoua son crime et fut un terrible accusateur pour Pierre Dubois.

Il fut condamné par le tribunal, le 17 juin, à 10.000 francs de dommages-intérêts, payables par corps, envers les deux fils Courier, partie civile.

Enfin, écrasé de remords et de honte, il mourut à l'hospice de Tours, le 19 juin 1830, deux jours après le deuxième procès, à l'âge de 44 ans, laissant à la pauvre Michelle quatre enfants en bas âge, dont la plus jeune, la petite Rose, n'avait pas quatre mois !

10° Joseph BARIER.

Il était journalier à la Chavonnière, et habitait aux Desrés,
à quelques centaines de mètres de là. Un jour de juin de
1824, Pierre Dubois, en train de labourer et voyant venir
Courier, dit à Barier, qui conduisait l'attelage : « Voilà une
figure bien désagréable !... S'il avait seulement la tête
cassée, nous serions tous bien plus heureux... »

Il assista, dans le cabinet de Courier, à l'entretien de Frémont avec son maitre, qui lui donnait le rendez-vous dans
la forêt, puis, dans l'écurie, à l'entretien secret de Frémont
et de Symphorien. Il en entendit une partie, tout en soi-
gnant les chevaux. Après l'entretien dont nous venons de
parler, Phorien lui dit : « Il ne faudra pas m'attendre pour
aller à l'assemblée de Saint-Avertin. Je n'irai pas. » Ils avaient
convenu auparavant d'y aller ensemble.

Après le crime, il aida à la recherche de Courier dans la
forêt, avec le garde champêtre, Frémont et les autres.

Pendant le procès de 1825, Phorien lui dit : « Tu as paru
deux fois à l'audience pour déposer contre nous... Si j'entends parler que tu dises quelque chose contre nous, tu
auras affaire à moi ! »

Il mourut, le 30 décembre 1825, moins de quatre mois
après ces menaces, d'une maladie mystérieuse qui ressemblait singulièrement à un empoisonnement, au sortir d'un
dîner chez Paul Goupy, où Symphorien était assis à côté
de lui. Vingt et un jours après sa mort, il fut exhumé ; mais
on ne retrouva dans les viscères aucune trace de poison.

La veuve de Joseph Barier révéla, lors du procès de 1830,
que, le 10 avril 1825, Symphorien ayant appris de Frémont
le rendez-vous dans la forêt, dit : « C'est bon... Notre affaire
est bonne... » Frémont lui ayant demandé : « Les autres y
seront-ils ? » il répondit : « Oui, les autres y seront. Je vais

les trouver... » (Son mari l'avait entendu étant dans l'écurie quand Frémont vint y rejoindre Symphorien.)

11° ARRAULT.

François Arrault était un bûcheron de la forêt de Larçay. C'est lui, très souvent, qui remettait, au Rang-du-Bois, ou mieux à la forêt, les lettres, journaux et livres que Mme Courier envoyait à Pierre Dubois.

Le dimanche 2 janvier 1825, il avait bu, à l'auberge Pissard, de Véretz, avec Frémont et Pierre Dubois, avant que celui-ci ne se rendît à la Chavonnière.

Il fit partie de tous les conciliabules tenus par les Dubois chez Tricot, au Chêne-Pendu.

Le 11 avril, il aida à la recherche du cadavre de Courier dans la forêt. Lorsque Phorien fut arrêté, Arrault le remplaça à la Chavonnière pendant toute la durée de sa détention, et on remarqua qu'il était triste et rêveur ; il ne retrouva sa gaîté ordinaire qu'au retour de Symphorien. Il resta dans la suite à la Chavonnière comme domestique.

Arrêté le 7 décembre 1829, sur la dénonciation de Sylvine Griveau, il avoua avoir passé toute sa soirée du 10 avril, au moins de 4 heures à 6 heures ou 6 heures et demie, dans la forêt où il chargeait des copeaux sur une charrette, à une distance de quatre à cinq cents pas du lieu du crime ; mais il n'avait pas entendu le coup de fusil.

D'après Sylvine, c'est Arrault qui était arrivé le premier après l'assassinat, il portait un sabre nu.

Il fut acquitté par la cour d'assises, à l'unanimité, le 14 juin 1830.

12° Martin BOUTET.

Fagoteur de la forêt de Larçay, il habitait la Hardellière.
en la commune d'Esvres. Il assista aux diverses entrevues
du Chêne-Pendu.

Il était venu voir Courier, le 10 avril 1825, pour parler
du fagotage qui devait commencer le lendemain : il se trouvait dans le cabinet de Courier en même temps que Joseph
Barier, — à qui le patron payait une note de 28 sous pour des
journées, — lorsque Frémont y vint pour recevoir l'ordre
d'aller en les bois de Montbazon, puis au rendez-vous de
la fosse à la Lande.

Le 11 avril, il aida aussi à la recherche de Courier dans
la forêt. Il fut un témoin important pour l'alibi invoqué
par les Dubois : il affirma que de 4 heures à la nuit close,
les trois Dubois se trouvaient chez lui d'abord. puis qu'ils
allèrent ensemble à la Dorée, puis à Esvres, c'est-à-dire à
des distances du lieu du crime variant entre 3 et 4 kilomètres. L'alibi fut admis et les deux Dubois, Pierre et Symphorien, furent mis en liberté le 17 mai.

Après le premier procès (1825), il devint garde de la forêt
en remplacement de Frémont.

Enfin, il fut aussi arrêté, le 7 décembre 1829, sur la dénonciation de Sylvine Griveau. Il soutint d'abord que le 10 avril
il n'était pas dans la forêt, mais qu'il n'avait pas quitté un
instant, à partir de 4 heures et demie, la Hardellière. où les
Dubois lui avaient rendu visite. dans le but de lui dire
d'aller abattre du bois pour un sieur Ferrand.

Plus tard, Boutet nia la visite des Dubois.

Il était très abattu lors du procès en cour d'assises : il fut
aussi acquitté à l'unanimité.

13° Sylvine GRIVEAU.

Elle était originaire d'Azay-le-Rideau. où elle naquit en 1799. Elle avait donc 26 ans lors de l'assassinat de Courier. De mœurs très légères, elle était accouchée deux fois, dont l'une de deux jumeaux.

Pauvre d'esprit, elle se prostituait pour quelques sous. C'est ainsi que le 10 avril 1825, revenant de l'assemblée de Saint-Avertin. elle se trouvait dans la forêt, avec Honoré Veillault, tous les deux camis (blottis) sous une touffe de chêne dans la bruyère, à trente pas du lieu de l'assassinat, et qu'elle assista au drame.

Elle était employée dans les fermes, soit aux travaux des champs, soit à la garde des moutons, ne gagnant que sa nourriture.

En octobre 1829, Sylvine était en journée chez Pierre Giraud, aux Tartres. Il l'envoya chercher, au Chêne-Pendu, un sac de seigle pour la semence. Elle partit à cheval ; en revenant par la forêt, elle se trompa d'allée, et vint passer auprès du monument que Mme Courier avait fait élever l'année précédente. Le cheval en eut peur, fit un écart brusque, et faillit la faire tomber :

« Votre sacré cheval, dit-elle à son maître en arrivant, a manqué de me jeter par terre... Il a eu grand'peur... Il a eu aussi grand'peur que moi quand j'ai vu tuer défunt M. Courier.

— Tu as donc vu tuer M. Courier ? Tu y étais donc ?

— Bien sûr que je l'ai vu. »

Puis il lui tira. à grand'peine, le récit du crime.

Voici comment Pierre Giraud et sa servante, Jeanne Rolland, répétaient ce que leur avait dit la Griveau :

« Pour faire le coup, ils étaient bien cinq : il y avait l'homme à la Michelle (Frémont), Phorien Dubois, Arrault, Boutet et, je crois, l'aîné des Dubois, Pierre. Phorien et Frémont se disputaient bien fort avec M. Courier. Pho-

rien l'a saisi aux jambes et l'a jeté par terre, sur le ventre,
à-dents. Au même moment, Frémont l'a tué d'un coup de
fusil. Presque aussitôt le coup parti, les autres sont
venus. Arrault et Boutet avaient chacun un sabre à la
main. Le sabre de Boutet était dans le fourreau. Arrault
avait le sien dégainé (1). »

C'est sur la déposition de ce témoin, transmise au procureur par M. Debeaune, que furent arrêtés, le 7 décembre 1829,
Pierre Dubois, François Arrault, Martin Boutet, et que
commença le procès de 1830, où Frémont avoua son crime
et reconnut que tout ce que racontait la pauvre Sylvine
était la vérité.

14° La « petite » MOREAU.

La dernière personne de Véretz qui ait connu Paul-Louis
Courier est Jeanne Moreau, veuve de Michel Bizeau, née le
22 août 1816 et décédée le 2 janvier 1904, à l'âge de 87 ans
et 4 mois.

La « petite Moreau » avait donc près de 9 ans lorsque
le pamphlétaire fut assassiné. Ses parents habitaient les
Esnaults, au bout du village des Desrés, tout près de la
Chavonnière. Elle a souvent raconté à ses enfants « qu'une
fois, M. Courier l'avait montée dans sa voiture », et qu'elle
le vit aller à sa forêt, le 10 avril 1825 ; qu'en passant devant
chez elle, comme elle se trouvait sur le chemin, il lui avait
dit « bonjour ». Elle se rappelait très bien « qu'il portait
un bâton, paraissait pressé, marchait vite », et qu'elle avait

---

(1) Dans une revue spirite, la *Vie mystérieuse,* du 25 septembre
1913, le commandant Darget, très connu à Véretz, écrit sérieusement que c'est l'esprit de Courier qui, apparaissant brusquement
effraya le cheval, fit parler Sylvine Griveau, et se servit de cette
pauvre folle pour amener l'arrestation des vrais coupables.

été frappée de « l'air sombre de M Courier, avec sa figure
noire et ses grosses lèvres qui marmottaient toujours (1) ».

C'est de son père et de sa mère que parle Courier dans
la *Gazette du Village*, n° 4 : « Pierre Moreau et sa femme
(Jeanne Roi) sont morts (2) âgés de 20 à 25 ans. Trop de
travail les a tués ainsi que beaucoup d'autres. On dit travailler comme un nègre, comme un forçat ; il faudrait dire
travailler comme un homme libre. »

Portrait de la « petite Moreau », veuve Bizeau, à 82 ans.
(Offert par M™° Jardy, née Bizeau, sa petite-fille.)

---

(1) Renseignements communiqués par son fils, Eugène Bizeau,
et son petit-fils, Gustave Desouches, maire de Véretz.

(2) Pierre Moreau est mort le 21 novembre 1819, à l'âge de 28 ans,
et Jeanne Roi, sa femme, est morte de chagrin un mois après, le
23 décembre 1819, à l'âge de 26 ans.

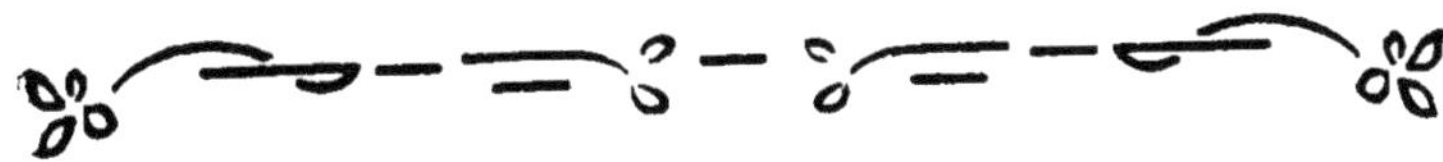

QUATRIÈME PARTIE

Opinions et Pensées de Courier

P.-L. Courier écrivain.

Courier fut un fin lettré, un humaniste exquis, un écrivain merveilleux : voilà son plus grand mérite.

C'est la pureté de la forme, l'originalité du style, l'art marié à l'érudition, — bien plus que les pauvres matières qu'il a traitées, — qui ont assuré le succès de ses pamphlets et les ont fait passer à la postérité ; car son art exquis, toujours supérieur, domine de haut ses maigres sujets et imprime à ses œuvres un cachet particulier.

« Les premières pages qu'il livre au public, dit Armand Carrel, révèlent un écrivain tel que la France n'en avait pas eu depuis Pascal et La Fontaine. »

Stendhal déclare « qu'il est peut-être l'écrivain vivant qui connaît le mieux sa langue, toutes ses finesses et toutes ses délicatesses ».

Sainte-Beuve écrit que « Courier est une apparition charmante et imprévue dans les lettres françaises ; qu'il restera comme un type d'écrivain unique et rare ».

M. Estienne dit que « le pamphlet de Chambord est ce qu'on a fait de mieux depuis la Révolution ».

Francisque Sarcey déclare « que la qualité de sa langue est incomparable ».

Ses principaux pamphlets et ses *Lettres au Censeur* furent écrits à la Chavonnière, au milieu de ces paysans tourangeaux qu'il s'efforce d'imiter, pour mieux entrer dans son rôle. Le savant vigneron parle même parfois avec la simpli-

cité et la niaiserie paysannes, toujours alliées au bon sens
et à l'érudition, mais sans se presser, en un langage plein
de digressions et d'incidences, se servant à dessein des vieilles
formes, des vieilles expressions désuètes, qu'il adapte et ra-
jeunit ; et pourtant il y met tant d'art que son style n'est
jamais lourd, embarrassé ni obscur.

Voilà ce qui fait le propre et le charme de sa littérature,
qui est comme une radieuse réminiscence des xvie et xviie siècles, un renouveau de la vieille langue d'Amyot, de Montaigne
et de Brantôme, subitement réapparue et rajustée aux aspi-
rations politiques de son temps.

Courier en donna lui-même une appréciation qu'il est
bon de reproduire : « Les *Lettres au Censeur*, dit-il, assez
répandues, révélèrent au public ce talent et ce courage
nouveau d'un sincère ami du pays, dont l'esprit élevé au-
dessus de tous les préjugés voit partout la vérité, la dit
sans aucune crainte, et la dit de manière à la rendre acces-
sible à tous, vulgaire et, si l'on veut même, triviale et vil-
lageoise. Ajoutez à cela que, par un 'prodige tout à fait
inouï, cet écrivain, qui semble ne chercher que le bon
sens, s'exprime avec une pureté et une élégance de langage
entièrement perdues de nos jours, et qui empreint ses
écrits d'un caractère inimitable. » (D'après Armand Carrel.)

⁘

Il n'avait pas encore donné toute la mesure de son talent,
et il projetait d'exercer son ironie mordante et fine dans
une infinité d'œuvres diverses, lorsqu'il fut assassiné.
L'expérience acquise en ce genre, la maturité de son génie
eussent ajouté à la littérature un grand nombre de ces pages
délicieuses, dont se régalent les délicats.

« Il faut se taire sur l'étendue d'une telle perte, dit Sautelet, parce que nulle expression ne saurait la rendre, nulle
intelligence la mesurer. A la verve de Rabelais, à la raison

de Pascal, unissant tout l'esprit de Voltaire, il était seul capable de reprendre la lutte contre les prêtres où celui-ci l'avait laissée ; et il se proposait sérieusement de l'essayer dans une suite de pamphlets clandestins qui eussent paru chaque semaine. »

Courier a remué peu d'idées, et son bagage littéraire est mince ; mais ce qu'il a fait atteint un tel degré de grâce et de perfection, il l'a ciselé avec tant de soin, il y a serti tant de perles fines, que ce peu a suffi pour lui assurer la gloire et l'immortalité.

On pourrait dire de ce grand artiste : Il n'a taillé qu'un marbre ; mais il en a fait la *Vénus de Milo !* Il n'a peint qu'un tableau ; mais sa toile est la *Joconde !*

Voilà, en résumé, ce que fut le génie de Courier, et la place qu'il occupe dans la littérature française.

Signature de Courier.

P.-L. Courier homme politique.

Jusqu'en 1816, Courier n'eut pas d'opinion politique bien déterminée. Absorbé par ses études grecques, la forme du gouvernement le laissait fort indifférent.

On sait avec quelle désinvolture il parle, en mai 1804, du plébiscite dans l'armée par lequel il s'agissait de « faire un empereur ».

Après la chute de « l'Oripeau et de ses Mamamouchis », il accepta avec joie la Restauration, dont la Charte accordait au peuple la liberté de la presse, qui lui était chère, et que Bonaparte avait totalement supprimée : « J'ai cru bonnement à la Charte, écrivait-il plus tard ; j'ai donné dans la Charte en plein : je le confesse à ma très grande honte... De ma vie, sans la Charte je n'eusse imaginé de parler au public de ce qui l'intéresse... »

Les royalistes le croyaient des leurs, et l'invitaient à leurs réceptions d'épurés : « J'ai été « pur » dans un temps où tout était embrené. C'est une justice que l'on me rend. Mme de La Béraudière ne tarit pas là-dessus (1). »

« J'ai dîné hier chez un traiteur du Palais-Royal. J'y ai trouvé des gens de connaissance. Nous avons politiqué à perte d'haleine. Je ne suis d'aucun parti. Mais, comme ils ont tous raison en un certain sens, je trouve toujours moyen de m'arranger avec eux. Cependant, ils m'ont appelé royaliste, et m'ont assuré que je voyais mauvaise compagnie (2). »

*
**

Mais lorsque, en 1815, la réaction violente des vieux partis eut préparé la contre-révolution et déchaîné dans le pays les excès déplorables connus sous le nom de Terreur blanche ; lorsque Courier vit, à Luynes même, emprisonner son voisin Fouquet pour n'avoir pas salué le curé, et une dizaine d'autres de ses concitoyens, « mauvais sujets », mis en prison pour avoir mal parlé du gouvernement, alors

---

(1) Lettre à Mme Courier.
(2) Lettre à Mme Courier.

il fut profondément indigné, et écrivit en faveur de ces malheureux sa *Pétition aux Chambres :* « Je suis Tourangeau : j'habite Luynes... Une infâme affaire... »

Le hideux tableau qu'il fait de la réaction royaliste dans ce village de Touraine était celui de la France entière, et le ministre Decazes se servit de cette *Pétition* contre les « ultras » ; il chercha même à s'attacher Courier : mais celui-ci se déroba aux avances qui lui étaient faites et retourna à ses études et à ses affaires.

.·.

Cependant Courier venait de trouver la voie qui devait le conduire à la popularité. Flatté du succès obtenu, il va se consacrer désormais à la défense des paysans opprimés et, pour être mieux dans son rôle, il se qualifiera de vigneron, laboureur et bûcheron.

« Le bonhomme Paul n'est pas jacobin, mais il ne veut pas du tout qu'on pende les Jacobins : il n'aime pas Bonaparte, mais il ne veut point qu'on emprisonne les bonapartistes... On l'a vu toujours du parti opprimé. Aristocrate sous Robespierre, libéral en 1815, il va être pour vous, et ne vous renoncera que quand vous serez forts, c'est-à-dire insolents... »

Quoique indépendant par goût et par éducation, Courier n'entra réellement dans l'opposition qu'à partir de 1819. « Je suis aussi loin de haïr que d'approuver le gouvernement dans la marche qu'il suit ; je n'en espère pas de sitôt un meilleur, et le crois moins mauvais que ceux qui l'ont précédé. » Il dit ailleurs : « Que craint-on de moi qui depuis trente ans, ayant vu tant de pouvoirs nouveaux, tant de gouvernements se succéder, me suis accommodé à tous et n'en ai blâmé que les abus, partisan déclaré de tout ordre établi, de tout état de choses supportable, ami de tout gouvernement, sans rien demander à aucun ? »

Mais après les dénis de justice, les persécutions et les déboires de toutes sortes qu'il éprouva dès son arrivée à la Chavonnière, Courier se déclara ouvertement contre le gouvernement ; et c'est alors qu'il montra, dans ses pamphlets, cet esprit de contradiction pour tout ce qui venait de l'autorité et qu'il donna libre cours à sa verve frondeuse en une langue incomparable.

.·.

Le pamphlet de Chambord et sa condamnation à deux mois de prison lui avaient donné une popularité immense. Il tenta alors d'entrer à la Chambre et fut candidat, aux élections législatives de 1822, dans la circonscription de Chinon. Il n'obtint que 160 voix, contre 220 au marquis d'Effiat, royaliste, maire de Chinon, qui fut élu (1), et pour remercier ses électeurs, il leur fit cette aimable déclaration :

____

(1) Le marquis Armand Ruzé d'Effiat était précisément le correspondant du département d'Indre-et-Loire chargé, par le « comité » de Paris, de centraliser les fonds de la « souscription nationale ouverte en vue d'acquérir le magnifique château de Chambord, avec ses dépendances, pour en faire don et hommage à S. A. R. M⁰ʳ le duc de Bordeaux ».

Par une circulaire adressée à tous les maires du département, le marquis d'Effiat engageait les conseils municipaux « à donner une preuve de leur attachement à l'auguste famille des Bourbons, miraculeusement perpétuée et régénérée dans ce précieux rejeton...

« Tous les Français doivent faire preuve, par tous les sacrifices qui sont en leur pouvoir, de leur attachement et de leur amour pour leurs souverains légitimes, et manifester leur satisfaction de pouvoir conserver les beaux monuments et de les offrir à celui qui fait l'espoir et la consolation de la France... »

Ce fut assurément dans le but d'affirmer son « opposition » au gouvernement que Courier posa sa candidature dans l'arrondissement de Chinon ; mais ce fut surtout pour entrer en lutte directe avec le marquis, et inquiéter, par sa grande popularité, ce représentant du « comité de Chambord ». Car le pamphlétaire eût pu se présenter, — avec plus de chances de succès, d'ailleurs, dans la circonscription de Tours, où il avait son domicile.

« J'ai pour amis tous ceux qui ne mangent pas du budget.
et qui comme moi vivent de travail... Mes amis sont dans
le peuple... Le peuple m'aime. et savez-vous ce que vaut
cette amitié? il n'y en a point de plus glorieuse; c'est de
cela qu'on flatte les rois... »

.*.

Courier ne fut pas républicain. et il s'en explique, —
plutôt mal que bien, — dans sa *Réponse aux Anonymes :*
« Suis-je donc républicain? J'ai lu de bons auteurs et réflé-

Le château de Chambord.

chi longtemps sur le meilleur gouvernement. J'y pense
même encore à mes heures de loisir ; mais j'avance peu
dans cette recherche. et loin d'avoir acquis par de telles
études l'opinion décidée que vous me supposez. je trouve.
s'il faut l'avouer, que plus je médite et moins je sais à quoi
m'en tenir, d'où vient que dans la conversation, et bien dés
gens m'en font un reproche, aisément je me range, sans
nulle complaisance, à l'avis de ceux qui me parlent pourvu
qu'ils aient un avis et non de simples intérêts sur ces
grandes questions débattues de nos jours avec tant de cha-
leur. Je conteste fort peu ; j'aime la liberté par instinct.

par nature. Je serais républicain avec vous en causant, car vous l'êtes, je le vois bien, et vous m'étaleriez toutes les bonnes raisons qui se peuvent donner en faveur de ce gouvernement. Vous n'auriez point de peine à me gagner ; mais bientôt, rencontrant quelqu'un qui me dirait et montrerait par vives raisons qu'il peut y avoir liberté dans la monarchie, s'il allait même jusqu'à prétendre, car c'est l'opinion de plusieurs, et elle se peut soutenir, qu'il n'y a de liberté que dans la monarchie, alors je passerais de ce côté, abandonnant la république, tant je suis maniable, docile, doutant de mes propres idées, en tout aisé à convertir, pour peu qu'on me veuille prêcher, non forcer... »

Pourtant, cette déclaration n'est-elle pas d'un républicain ? « La nation enfin ferait marcher le gouvernement, comme un cocher qu'on paie et qui doit nous mener, non où il veut, ni comme il veut, mais où nous prétendons aller, et par le chemin qui nous convient (1)... »

Et cette autre, d'un démocrate ? « Jamais je ne serai du parti de personne. Je ne suivrai pas un homme... Né d'abord dans le peuple, j'y suis resté par choix. Il n'a tenu qu'à moi d'en sortir, comme tant d'autres qui, pensant s'ennoblir, de fait ont dérogé. Quand il faudra opter suivant la loi de Solon, je serai du parti du peuple, des paysans comme moi. »

.*.

Courier ne fut donc qu'un « libéral » ; mais il n'en restera pas moins un des plus grands champions de la Liberté et de la Démocratie.

---

(1) Le préfet d'Indre-et-Loire, Delaveau, écrit au ministre : « On le dit républicain dans ses principes. » Et ailleurs il le qualifie de « révolutionnaire ».

P.-L. Courier administrateur communal.

P.-L. Courier ne fut jamais conseiller municipal de Véretz : M. Debeaune, bien en cour à la préfecture, faisait nommer ses créatures ; mais il fut convoqué six fois à la mairie, comme étant un des dix plus imposés de la commune, pour donner son avis sur les dépenses communales. Il n'assista qu'à deux réunions seulement, et il est curieux de constater qu'il n'y prit aucune initiative particulière ; il s'y montra administrateur peu brillant, plus porté vers ses intérêts personnels que vers le bien public, ainsi d'ailleurs que les autres propriétaires qui siégeaient avec lui.

Il fut, comme ses collègues, partisan d'avoir un garde champêtre, c'est-à-dire une police destinée surtout à surveiller et protéger la propriété ; mais il fit preuve d'avarice et d'incurie dans les autres questions, notamment en celle qui concernait l'entretien des chemins vicinaux, si importante au point de vue de l'intérêt général.

Voici les résumés des procès-verbaux de ces deux réunions :

Séance du 24 septembre 1820. — « Le conseil municipal de Véretz, rassemblé avec les dix plus forts imposés de la commune, à l'effet de délibérer et donner leur avis sur : 1° traitement du garde champêtre ; 2° réparations à l'église :

« 1° Considérant, à l'égard du garde champêtre, que MM. les membres et MM. les propriétaires en reconnaissent l'utilité, sont d'avis de lui allouer la somme de 300 francs pour son payement annuel pour la présente année et l'année mil huit cent vingt et un ;

« 2° Quant aux réparations à faire à l'église, ils sont d'avis que la somme étant actuellement entre les mains de la fabrique (293 fr. 35) sera employée provisoirement aux réparations les plus urgentes de l'église, mais ils ne jugent pas à propos de voter un supplément d'impôt à cet égard, attendu que l'impôt pour 1820 se trouve augmenté sans aucun motif...

« *Signé :* Courier, Boilleau, Godeau... et Debeaune, maire. »

Séance du 9 juin 1822. — « 1° Traitement du garde champêtre : il est voté, à l'unanimité, 300 francs pour 1822.

« 2° Réparations des chemins vicinaux : Quoique MM. les membres de l'adjonction en reconnaissent l'utilité, ainsi que MM. les membres du conseil,

« Considérant que les charges de la commune sont énormes et qu'elle est beaucoup trop grevée à raison de la médiocrité de ses revenus...,

« Sont d'avis et arrêtent qu'il ne sera voté pour cette année aucune somme extraordinaire pour la réparation des chemins, attendant pour faire cette dépense la diminution d'impôts qu'on fait espérer depuis longtemps à MM. les propriétaires, diminution dont ils ont grand besoin...

« *Signé :* Courier, Callaud, Godeau... et Debeaune, maire. »

Comme nous le voyons, il ne voulut pas voter la plus légère imposition supplémentaire pour la réparation de l'église, ni même pour l'entretien, — infiniment plus utile, — du seul chemin vicinal existant alors dans la commune, le chemin de Cormery.

Il est vrai que les ressources communales étaient bien réduites, puisque les budgets se soldaient à peu près chaque année en déficit : celui de 1820, par un passif de 47 fr. 68 ; celui de 1821, par un excédent de dépense de 81 fr. 20.

.·.

Courier était donc bien renseigné sur l'état des finances de la commune lorsqu'il écrivait en 1821, dans son pamphlet de Chambord : « Si nous avions de l'argent à n'en savoir que faire, toutes nos dettes payées, nos chemins réparés, nos pauvres soulagés, notre église d'abord (car Dieu passe avant tout) pavée, recouverte et vitrée, s'il nous restait quelque somme à pouvoir dépenser hors de cette commune, je crois, mes amis, qu'il faudrait contribuer, avec nos voisins, à refaire le pont de Saint-Avertin, etc... »

Il est bon d'ajouter qu'à propos de la souscription pour l'acquisition du château de Chambord, qui fait l'objet du *Simple Discours aux membres du conseil de la commune de Véretz*, il ne fut rien proposé au conseil municipal sur ce sujet, et qu'en conséquence Courier ne fut jamais appelé à donner officiellement son avis sur la dite souscription (1).

____

Paul-Louis Courier et l'Agriculture : la Pomme de terre. — Jacques Bujault.

« Paul-Louis, sur les hauts de Véretz, fait des choses admirables. C'est le premier homme du monde pour terrasser un arpent de vigne. Il amène, d'un bois non fort voisin de là, cinq cents charges de gazon, ou terre de bruyère. Il la laisse mûrir à l'air, de temps en temps la vire, la remue avec cent ou cent cinquante charges de fumier qu'il entremêle parmi. Puis, ouvrant un fossé entre deux rangs de ceps (2), il y place ce terreau : sa vigne, au bout de deux ans, jeune d'ailleurs et n'ayant besoin que d'ali-

____

(1) Le château de Chambord ayant été acheté le 7 mars 1821, la souscription aurait dû être proposée à la réunion du 24 septembre 1820 pour que Courier eût à émettre son avis. Or, le procès-verbal de cette réunion n'en fait point mention. D'ailleurs la souscription ne fut officiellement autorisée qu'après le rapport du ministre, dont Courier reproduit presque textuellement plusieurs phrases, et ce rapport est de la fin de décembre 1820. En outre, le *Simple Discours* ne parut qu'à la fin d'avril, c'est-à-dire près de deux mois après l'acquisition du château.

(2) Ces sortes de fossés, souvent remplis avec la bruyère même, sont appelés « aujoux » en Touraine.

ments, se trouve en pleine valeur... » (*Gazette du Village,* nº 4.)

« J'achèterai ici du sainfoin, qui est beaucoup meilleur marché que là-bas ; j'en ai vu des tas à la halle, et je sais maintenant distinguer le bon du mauvais. » (Paris, fin mars 1819.)

« J'ai fait, mardi dernier, le voyage de Sceaux, où j'ai vu de beaux jets d'eau, de belles statues et de beaux arbres bien taillés. Je crois que tout cela est parfaitement inutile à celui qui le possède ; et s'il y avait du froment ou des pommiers, cela ne serait pas si beau, mais cela vaudrait mieux. » (Lettre à son père, du 28 avril 1787 : il n'avait alors que 15 ans !)

Courier a le grand mérite de s'être fait le vulgarisateur de la culture de la pomme de terre dans la commune de Véretz.

Ce précieux tubercule, — « du pain tout fait », comme dit Maître Jacques, — était encore regardé avec une certaine défiance (1) et cultivé seulement au jardin. La statistique n'accuse que 360.000 hectares environ pour la France entière en 1818, encore cette culture s'était-elle cantonnée aux abords des villes, particulièrement aux environs de Paris et dans les départements du nord de la France. La moyenne ne donne que quelques hectares seulement pour Véretz.

Courier prêcha d'exemple, la cultiva en grand dans son domaine, en fit consommer à ses animaux et fit faire par son monde une active propagande auprès des paysans d'alentour, qui peu à peu l'imitèrent.

---

(1) Elle donnait la fièvre.

..

En juillet 1819, P.-L. Courier reçut de Jacques Bujault,
député des Deux-Sèvres, son *Projet d'amélioration de l'Agriculture*, « brochure de cinquante pages où l'on trouve des
calculs, des remarques, des idées dignes de l'attention
de tous ceux qui ont étudié cette matière. L'auteur aime
son sujet, le traite en homme instruit, et dont les connaissances s'étendent au delà. Il ne tiendrait qu'à lui d'ap-
profondir les choses qu'il effleure en passant; plein de zèle
d'ailleurs pour le bonheur public et la gloire de l'État, il
conseille au gouvernement *d'encourager l'agriculture*. Il veut
*qu'on dirige la nation vers l'économie rurale, qu'on ins-
truise les cultivateurs*, et il en indique les moyens Rien n'est
mieux pensé ni plus louable... Il reproche aux oisifs, dont
abondent la ville et la campagne, aux jeunes gens et, chose
assurément remarquable, aux grands propriétaires de
terres, leur dédain pour l'agriculture, suite de cette fureur
pour les places qui est un mal ancien chez nous et dont
Philippe de Commines, il y a plus de trois cents ans, a fait
des plaintes toutes pareilles. *Ils n'ont*, dit-il, *souci de rien*,
parlant des Français de son temps, *sinon d'offices et états,
que trop bien ils savent faire valoir, cause principale de mou-
voir guerres et rébellions...*

« Suivant un calcul modéré de M. Bujault, il y a maintenant en France, pour chaque place, dix aspirants... Ac-
cordons qu'ils ne fassent nul mal (ainsi la charité nous
oblige à le croire), ils pourraient faire quelque bien, et par
une honnête industrie fuir les tentations du malin. C'est
ce que voudrait M. Bujault, et qu'il n'obtiendra pas, selon
toute apparence : l'esprit du siècle s'y oppose. Chacun
maintenant cherche à se placer, ou, s'il est placé, à se
pousser. On veut être quelque chose. Dès qu'un jeune
homme sait faire la révérence, riche ou non, peu importe,
il se met sur les rangs...

« Tout le monde se présente pour être quelque chose

On est quelque chose en raison du mal qu'on peut faire.
Un laboureur n'est rien; un homme qui cultive, qui bâtit.
qui travaille utilement n'est rien. Un gendarme est quelque
chose; un préfet est beaucoup; Bonaparte était tout. Voilà
les gradations de l'estime publique. Telle est la direction
générale des esprits, la même depuis longtemps, et non
prête à changer... » (Lettre II, au rédacteur du *Censeur*.)

Jacques Bujault en écrit lui-même : « J'ai communiqué
cette méthode au conseil général des Deux-Sèvres. Elle a
été rejetée, comme vous le pensez. Je crois pourtant qu'on
a enterré pour la forme une espèce de mention honorable,
dans un coin du procès-verbal.

« Mais on a supprimé les 6.000 francs de primes pour les
chevaux, de même que la somme qu'on accordait chaque
année à la société.

« Ainsi, moi qui écris, qui travaille et parle depuis
trente ans pour l'agriculture, je n'ai encore réussi qu'à lui
enlever les fonds qu'on lui avait donnés jusqu'à ce jour.

« Cela ne m'étonne point ; je suis habitué à ces mé-
comptes.

« En 1810, je publiai un mémoire où je développais ces
principes.

« En 1819, j'en fis imprimer un autre où j'indiquais ce
mode d'instruction.

« Je donnai ces écrits à qui en voulut, sans trouver
d'écho nulle part. J'appelais la discussion, et l'espèce
humaine, si contrariante de sa nature, n'a pas seulement
fait surgir un individu qui ait dit : *ça ne vaut rien...*

« Il faut verser l'instruction comme la lumière, même
sur ceux qu'elle blesse ou qu'elle importune.

« N'espérez pas que les hommes viendront d'eux-mêmes
déposer le joug de l'habitude pour en prendre un nouveau :

ce n'est pas dans la nature. Il n'y a que l'instruction et la persévérance qui puissent modifier les usages.

« Les siècles ont en vain passé sur la plage africaine : le père y vend encore son fils; l'indolente Asie n'a pas changé depuis les temps anciens, et partout la vieille ignorance ravage encore les populations. Un seul peuple en Europe a continuellement marché depuis un siècle: il a d'abord amélioré son agriculture...

« Un pareil état n'est-il pas déplorable? L'ignorance dans laquelle on laisse ces masses n'est-elle pas une accusation contre les gouvernements et les générations?... Il y a 140 ans que Leibnitz a dit: *Celui qui est maître de l'éducation peut changer la face du monde.*

« Emparez-vous donc de cette puissance: vous le pouvez et le devez. Associez-vous, faites des livres, instruisez le cultivateur, et payez enfin la dette des siècles à l'Etat, aux populations et à l'humanité... Vous tous, que le gouvernement, l'intelligence et le choix des citoyens ont placés à la tête des populations, instruisez-les; par pitié comme par raison d'État, donnez à ces bras du travail, à ce peuple du pain ! »

.•.

Nous croyons utile de faire connaître cet émule de Courier, qui prêcha comme lui et avec tant d'éloquence le bonheur du peuple par l'instruction, le travail et la liberté.

Jacques Bujault est plus connu sous le nom populaire de « Maître Jacques », laboureur; il naquit à la Forêt-sur-Sèvre, près de Bressuire, en 1771, fit ses études à Angers, puis vint se fixer à Niort en 1791. Comme Franklin, il se fit libraire et imprimeur.

Il étudia la jurisprudence, devint avocat et alla s'établir à Melle.

Ayant acquis la ferme de Chaloüe, commune de Sainte-Blandine, il abandonna le barreau et se fit agriculteur, mais agriculteur pratique, « portant grand chapeau, large blouse et sabots à la courge ». Les électeurs l'enlevèrent deux fois à ses travaux pour l'envoyer à la Chambre des députés, en 1815 et en 1822. Après la session de 1822, il renonça à la députation pour se consacrer uniquement à l'agriculture.

Il avait déjà publié plusieurs *Mémoires agricoles;* c'est l'un d'eux qui fut envoyé au vigneron de la Chavonnière, tout désigné pour comprendre et apprécier ses nobles efforts.

Mais ce n'était pas au monde savant qu'il désirait s'adresser. Il voulait surtout se faire lire par les paysans, par les propriétaires, par tous ceux qui pouvaient contribuer à l'amélioration de l'agriculture. Alors parut son *Almanach du Cultivateur,* où il fit la guerre aux routiniers, aux paresseux et aux ivrognes : « Le fainéant et le joueur, dit-il, l'ivrogne et le mauvais cultivateur sont bêtes de même valeur. » Il y flétrit l'ignorance, les vices et surtout le cabaret : « N'y a chez les cabaretiers que de mauvais conseillers. — Des trois quarts des procès les riboteurs sont les auteurs.— Le chemin du cabaret est aussi le chemin de l'hôpital. »

Enfin, il y exposa ses méthodes culturales en des aphorismes concis et pratiques, capables de frapper l'esprit des paysans, auxquels l'*Almanach* était surtout destiné : « Veux-tu du blé? fais des prés. — Point de fumier sans pré, et sans fumier point de blé. — Le pré donne le foin, le foin nourrit le bétail; le bétail fait le fumier et le fumier produit le grain, etc... »

Les proverbes agricoles de Maître Jacques eurent un grand retentissement et contribuèrent puissamment à la vulgarisation rapide de son *Almanach* et au progrès de l'agriculture.

Il fut nommé chevalier de la Légion d'honneur, et mourut à Chaloüe en 1842.

Par testament, il fonda un prix annuel de 600 francs pour assurer la continuation de l'*Almanach,* qui porte son nom et existe encore.

Paul-Louis Courier et les Paysans.

(EXTRAITS DE SES ŒUVRES)

« Vous nous plaignez beaucoup, nous autres paysans, et vous avez raison, en ce sens que notre sort pourrait être meilleur. Nous dépendons d'un maire et d'un garde champêtre qui se fâchent aisément. Mais autrefois on nous tuait pour cinq sous parisis. C'était la loi. Tout noble ayant tué un vilain devait jeter cinq sous sur la fosse du mort. Mais la plupart du temps, on nous tuait pour rien. Maintenant il en coûte à un maire sept sous et demi de papier marqué pour mettre en prison l'homme qui travaille...

« Vous paraît-il, Monsieur, que nous ayons peu gagné en cinq ou six cents ans ? Nous étions la gent corvéable, taillable et tuable à volonté ; nous ne sommes plus qu'incarcérables. Patience ; laissez faire ; encore cinq ou six siècles, et nous parlerons au maire tout comme je vous parle...

« Toutes choses ont leur progrès. Du temps de Montaigne, un vilain, son seigneur le voulant tuer, s'avisa de se défendre. Chacun en fut surpris, et le seigneur surtout, qui ne s'y attendait pas, et Montaigne qui le raconte. Ce manant devinait les droits de l'homme. Il fut pendu. cela devait être. Il ne faut pas devancer son siècle... Sous Louis XIV, on découvrit qu'un paysan était un homme, ou plutôt cette découverte était faite depuis longtemps dans les cloîtres, par de jeunes religieuses, comme nous l'apprend La Bruyère. Pour des filles cloîtrées, dit-il. un paysan est un homme. Il témoigne là-dessus combien cette opinion lui semble étrange. » (*Lettre au Censeur*, Véretz. 10 juillet 1819.)

.·.

« J'ai vu les paysans affamés, déguenillés, tendre la main
aux portes et partout sur les chemins, aux avenues des
villes, des couvents, des châteaux, où leur inévitable aspect
était le tourment de ceux-là même que la prospérité commune indigne, désole aujourd'hui... » *(Pétition d'Azay.)*

.·.

« Il y a chez nous une classe moins élevée (que la cour),
quoique mieux élevée, qui ne meurt pour personne et qui,
sans dévouement, fait tout ce qui se fait, bâtit, cultive,
fabrique autant qu'il est permis, lit, médite, calcule, invente, perfectionne les arts, sait tout ce qu'on sait à présent, et sait aussi se battre, si se battre est une science. Il
n'est vilain qui n'en ait fait son apprentissage et qui, là-
dessus, n'en remontre aux descendants de Duguesclin... »
(Vérelz, 10 avril 1820.)

.·.

« Le peuple est sage. Nous travaillons trop pour avoir le
temps de penser à mal, et s'il est vrai que vice naît d'oisiveté, nous devons être exempts de vice, occupés comme
nous le sommes six jours de la semaine sans relâche, et
bonne part du septième, chose que blâment quelques-
uns... » *(Pétition d'Azay.)*

« Chaque paysan possède ce que nous appelons *sa goulée
de henace*, un ou deux arpents de terre en huit ou dix morceaux qui, labourés, retournés, travaillés sans relâche, font
vivre la famille (1). » *(Lettre VI au Censeur,* Vérelz, 30 novembre 1819.)

____

(1) Courier n'a rien acheté de la Borderie, quoiqu'il écrive dans
sa *Gazette du Village* (n° 4) : « Nous sommes douze paysans qui
achetâmes, il y a deux ans, les terres de la Borderie, vendues par
messieurs de la bande noire... »

.˙.

« Tout propriétaire veut l'ordre, la paix, la justice. Faire
propriétaire, sans dépouiller personne, l'homme qui n'est
que mercenaire, donner la terre au laboureur, c'est le plus
grand bien qui se puisse faire en France, depuis qu'il n'y
a plus de serfs à affranchir... » (*Lettre V au Censeur*, Véretz,
12 novembre 1819.)

.˙.

« Tu te rappelles ces gens qui ne veulent pas qu'un
paysan mange, boive et porte une chemise. J'allai l'autre
jour chez M. Précontais de La Renardière, qui est un de nos
débiteurs; je le trouvai en famille. Il n'avait point d'argent,
me dit-il: ce sont les paysans qui ont tout, et si cela continue la noblesse mourra de faim ou sera obligée de faire
quelque chose : qu'il se vende un quartier de pré, c'est un
paysan qui l'achète; chacun a maintenant *sa goulée de benace* (1). Ces gens-là mangent de la viande, boivent du vin,
ont des souliers : cela se peut-il souffrir? J'abondai dans
son sens, et je le fis frémir en lui racontant une chose dont
je venais d'être témoin. « Croiriez-vous bien, lui dis-je, que
« Jean Coudray, le vigneron...? Ecoutez ceci, je vous prie.
« Je viens de chez Jean Coudray; il me devait quelque ar-
« gent qu'il m'a payé sur-le-champ. La femme m'a voulu
« donner à déjeuner. Mais elle, que pensez-vous qu'elle
« prenne à déjeuner? du café à la crème. » Cela leur fit
dresser les cheveux à la tête. Du café à la crème ! Tout le
monde s'écria : « Du café à la crème ! » Nous convînmes
tous que les choses ne pouvaient durer ainsi; et je les

____

(1) Sautelet a imprimé : sa goulée de *benau*; ce mot ne se dit
point ici, et c'est *benace* que Courier a dû écrire. Nous avons tenu
à rectifier.

quittai en faisant des vœux bien sincères pour le retour du
bon temps ; car ils me paieront, j'imagine, quand les
paysans mourront de faim et seront couverts de haillons. »
(Lettre à Mme Courier, Tours, le 6 février 1816.)

.·.

« ... Vous savez de quel air les grands nous traitent, et le
bon voisinage que c'est. Jeunes, ils chassent à travers nos
blés avec leurs chiens et leurs chevaux, ouvrent nos haies,
gâtent nos fossés, nous font mille maux, mille sottises ; et
plaignez-vous un peu, adressez-vous au maire, ayez recours,
pour voir, aux juges, au préfet, puis vous m'en direz des
nouvelles quand vous serez sortis de prison. Vieux, c'est
encore pis ; ils nous plaident, nous dépouillent, nous
ruinent juridiquement, par arrêt de messieurs qui dînent
avec eux, honnêtes gens comme eux, incapables de manger viande le vendredi ou de manquer la messe le dimanche... » (*Pamphlet de Chambord.*) Ce sont là jeux de
princes (1), dit-il ailleurs.

---

(1) Ces jeux de princes étaient fréquents autrefois, et nous ne
pouvons résister au désir de raconter ici la légende que nous
avons recueillie sur un grand seigneur de Véretz :

LÉGENDE DES COUSINEAUX (1720).

Le duc d'Aiguillon désirait agrandir son parc ; il y voulait an-
nexer l'ancienne moutonnerie, une vieille masure, couverte de
chaume, laide et vétuste, qu'il tenait absolument à faire disparaître. Il trouva de la résistance chez les pauvres gens qui l'occu-
paient.

Cette famille de laboureurs demeurait là depuis des siècles ;
si bien que le lieu avait pris le nom de ses habitants, et s'appelait
les Cousineaux.

Le duc pensa tout d'abord à les expulser par la force, puisque
la chaumière était à lui ; mais les paysans avaient quelques droits
sur les biens qu'ils cultivaient, et on ne pouvait, en bonne jus—

.·.

« A nos yeux s'offrent des gens dont la vie tout entière
s'emploie à des choses louables, et de qui l'existence est
fondée sur le travail, père des bonnes mœurs, la foi dans
les contrats, la confiance publique, l'observation des lois.
Je vois des laboureurs aux champs dès le matin, des mères
occupées du soin de leur famille, des enfants qui ap-

----

tice, les déloger contre leur gré sans compensation. D'autre part,
ces malheureux lui exprimaient de si profonds regrets d'avoir à
quitter une demeure où leurs ancêtres s'étaient succédé pendant
tant de générations que, étant bonhomme au fond, il en eut pitié
et patienta, avec l'espoir d'arriver quelque jour à les décider.

Après de longs mois d'attente, voyant qu'il ne pourrait jamais
les faire consentir de bon gré à abandonner leur misérable logis,
quelque proposition qu'il leur fit, il résolut d'en finir par un bon
tour de sa façon.

Il fit bâtir en hâte une modeste habitation dans le bourg de
Véretz, sans que personne ne sût à qui elle était destinée, et, par un
beau dimanche d'automne, pendant que tous les Cousineau étaient
à la messe, il dépêcha à la moutonnerie des ouvriers qui sortirent
les meubles et démolirent la maison.

On devine les cris de surprise et les lamentations de la famille
lorsqu'elle revint chez elle : les femmes et les enfants pleurant de
désespoir; les hommes exhalant leur colère en de violentes im-
précations !

Furieux, François Cousineau accourut au château et, tout pâle
d'une indignation contenue, demanda à parler au duc, — qui
l'attendait d'ailleurs, et le reçut en souriant.

Après avoir un moment écouté ses plaintes et ses reproches, le
duc lui dit : «La maison que j'ai fait bâtir dans le bourg est pour
vous ; elle est neuve, elle est saine, vous y serez beaucoup mieux
logé. Je vous la donne ; portez-y dès ce soir votre mobilier. »

Cousineau, un peu calmé, retourna chez lui, apaisa son monde,
s'installa le soir même dans la nouvelle maison et, de dépit, se
fit marinier sur le Cher.

Le beau parc de Véretz était enfin débarrassé de la masure (a).

(a) Voir la *Maison enlevée*, par Saint-Simon, au sujet du duc de Char
nacé. Voir aussi *le Meunier de Sans-Souci*, par Voltaire, et *Lord Davy Deery*,
par Victor Hugo, dans *l'Homme qui rit*.

prennent les travaux de leur père, et je dis (supposant qu'ils jeûnent le carême) : Il y a d'honnêtes gens. » (*Lettre VIII*, Véretz, 12 février 1820.)

.*.

« Ah ! Paul, où est le temps que je vivais avec mes bons parents et vous, vous souvient-il ? labourant mon champ près du vôtre. Combien ne m'avez-vous pas de fois prêté vos bœufs lorsque les miens étaient las ! Aussi vous aidais-je à semer, ou serrer vos gerbes, quand le temps menaçait d'orage... Pays de mon enfance, terre qui m'a vu naître !... Vous savez comment je vivais chez nous, toujours travaillant, labourant ou façonnant ma vigne, et chantant la vendange ou le dernier sillon ; attendant le dimanche pour faire danser ma Sylvine aux assemblées de Véretz ou de Saint-Avertin... Ah ! Véretz, ah ! ma Sylvine ! ah ! mes bœufs, mes beaux bœufs ! Fauveau à la raie noire, et l'autre qui avait une étoile sur le front !... Vous en souvient-il !... » (Deuxième lettre particulière, 28 novembre 1820.)

Paul-Louis Courier et les Prêtres.

« En fait de religion, le peuple fait la loi ; le peuple de tout temps a converti son roi. Le mal de notre siècle n'est pas l'hérésie, l'erreur, les fausses doctrines ; c'est l'indifférence... Les amis de l'autel ne s'en approchent guère. Quel est le confesseur de M. de Chateaubriand ?... »

.*.

« C'est un homme à connaître que le grand vicaire de S..., homme de bonne maison et d'excellente compagnie. On dit bien : l'air aisé ne se prend qu'à l'armée. Il a tant vu

de monde ! sa vie est un roman. C'est lui dont l'aventure.
à Londres, fit du bruit, quand sa jeune pénitente. belle
fille, vraiment, épousa le comte D..., officier de cavalerie.
Au bout de quinze jours, la voilà qui accouche. Le mari se
fàcha, demandez-moi pourquoi ; et l'abbé s'en alla, par prudence. en Bohème. Là, on le fit aumônier d'un régiment de
Croates. Cette vie lui convenait. Sain, gaillard et dispos.
se tenant aussi bien à cheval qu'à table, il disait bravement
sa messe sur un tambour. et ne pouvait souffrir que de
jeunes officiers restassent sans maitresses. lorsqu'il connaissait des filles vertueuses qui n'avaient point d'amants.
Obligeant, bon à tout, le quartier-maitre un jour le prend
pour secrétaire. Fort peu de temps après, la caisse se
trouva non comme la pénitente. Bref, l'abbé s'en alla encore cette fois; et de retour en France, depuis quelques
années, il y prêche les bonnes mœurs et la restitution. »
(Lettre VII, Véretz, 20 décembre 1819.)

« Rarement à courir le monde devient-on homme de
bien : mais un ecclésiastique, dans la vie vagabonde. prend
d'étranges habitudes. Messire Jean Chouart était bonhomme, tout à son bréviaire. à ses ouailles : il était doux et
humble de cœur. secourait l'indigent, confortait le dolent,
assistait le mourant, apaisait les querelles et pacifiait les
familles : le voilà revenu d'Allemagne ou d'Angleterre. espèce
de hussard en soutane dont le hardi regard fait rougir nos
jeunes filles et dont la langue sème le trouble et la discorde; hardi, querelleur. cherchant noise : c'est un drôle
qui n'a pas peur, tout prêt à faire feu sur les bleus au premier signe de son évêque. Tels sont nos prêtres de retour
de l'émigration. Ils ont besoin de bons exemples et en
trouveront parmi nous. » (Lettre VI, Véretz, 30 novembre 1819.)

.*.

« Les bonzes aussi ne manquent pas en Calabre. C'est le royaume des prêtres, où tout leur appartient. On y fait vœu de pauvreté pour ne manquer de rien, de chasteté pour avoir toutes les femmes. Il n'y a point de famille qui ne soit gouvernée par un prêtre jusque dans les moindres détails ; un mari n'achète point de souliers à sa femme sans l'avis du saint homme. » (Mileto, 12 septembre 1808.)

.*.

« J'ai dîné chez M. de Chavaignes... Il y avait là deux curés qui se sont enivrés tous les deux. Un d'eux avait ce jour-là un enterrement à faire ; c'est la première chose qu'il a oubliée. A son retour il a trouvé, à dix heures du soir, le mort et sa séquelle qui l'attendaient depuis midi. Il s'est mis à *les* enterrer. Il chantait à tue-tête, il sonnait ses cloches : c'était un vacarme d'enfer. L'autre curé, qui était le plus ivre des deux, voulait se battre avec moi. Ayant appris que j'avais une femme jeune et jolie, il fit là-dessus des commentaires à la housarde, qui réjouirent fort la compagnie. » (Tours, novembre 1815.)

.*.

« François Fouquet, allant au Grand-Moulin, rencontra le curé qui conduisait un mort au cimetière de Luynes. Le passage était étroit ; le curé, voyant venir Fouquet sur son cheval, lui crie de s'arrêter, il ne s'arrête point ; d'ôter son chapeau, il le garde ; il passe, il trotte, il éclabousse le curé en surplis. Trois jours après, quatre gendarmes entrent chez Fouquet, le saisissent, l'emmènent aux prisons de Langeais, lié, garrotté, pieds nus, les menottes aux mains, et par surcroît d'ignominie entre deux voleurs de grand chemin. Tous trois on les jeta dans le même cachot. Fouquet y fut deux mois ; pendant ce temps sa famille n'eut pour subsister que la compassion des bonnes gens... Il y a chez nous plus de charité que de dévotion. » (*Pétition aux deux Chambres*, 1816.)

.·.

« Le curé (de Luynes) a défendu aux vignerons qui voulaient célébrer la fête de saint Vincent, leur patron, d'aller ce jour-là au cabaret. J'ai vu le curé, et je lui ai dit : « Vous « avez bien raison, c'est une chose horrible d'aller au cabaret, « un jour de fête surtout ; et vous faites très bien, vous, « monsieur le curé, de ne jamais vous griser qu'en bonne « compagnie dans le courant de la semaine. Cependant rai- « sonnons, s'il vous plaît : saint Vincent aime les vignerons, « puisqu'il est leur patron. Aimant les vignerons, il doit aimer « la vigne, et par conséquent le vin, et aussi le cabaret, car « tout cela se suit : comment donc trouve-t-il mauvais que le « jour de sa fête on aille au cabaret ? » Il n'a su que me répondre. » (Tours, le... 1816.)

.·.

« Tout le monde se marie, chez nous. Peu de nos jeunes gens font le vœu de chasteté, parce qu'un pareil vœu sent le libertinage ; ou plutôt, on sait aujourd'hui qu'il n'y a de chasteté que dans le mariage... Moins de célibataires, moins de vices, moins de débauches (1). Nous n'avons plus de couvents : détestable sottise qui se pratiquait jadis, de tenir

____

(1) Paul-Louis eût pu ajouter : *et plus d'enfants*. Le célibat religieux étant une des causes principales de dépopulation, les pouvoirs publics devraient tenter sérieusement de réduire le nombre des célibataires, en supprimant d'abord tous les vœux monastiques, et en contraignant au mariage tous les frelons de la ruche nationale, par des lois qui les atteindraient gravement dans leurs inté-

ensemble enfermés, contre tout ordre de nature, *des mâles sans femelles et des femelles sans mâles, dans l'oisiveté du cloître, où fermentait une corruption qui, se répandant au dehors, de proche en proche, infectait tout.* Dieu sans doute ne permettra pas que ceux qui, chez nous, veulent rétablir de pareils lieux d'impureté, réussissent dans leurs desseins. Vos péchés, quelque grands qu'ils soient, n'ont pas mérité ce châtiment ; notre orgueil, cette humiliation. » (*Lettre VI.*)

.*.

« Tous ces célibataires fouettant les petits garçons et confessant les filles me sont un peu suspects. *Je voudrais que les confesseurs fussent au moins mariés;* mais les frères fouetteurs, il faudrait, sauf meilleur avis, les mettre aux galères, ce me semble. Ils cassent les bras aux enfants qui ne se laissent point fouetter. On a vu cela dans les journaux la semaine passée. Quelle rage ! *Flagellandi tam dirà cupido.* » (*Livret,* mars 1823, n° 3.)

.*.

« Si on les écoutait (les savants) ils prétendraient encore être seuls professeurs, sous prétexte qu'il faut savoir pour

---

rêts ou leurs ambitions : en décrétant par exemple : 1° qu'aucun célibataire des deux sexes ne pourra occuper, en France, un emploi civil, militaire ou religieux, ni faire partie d'aucune association, publique ou privée, après l'âge de 25 ans révolus ; 2° que nul ne peut être électeur, après 25 ans, s'il n'est marié ; ni être élu aux assemblées législatives, départementales ou communales, s'il n'est père (ou mère) d'au moins deux enfants vivants ; 3° que les dits célibataires payeront, sauf le cas d'invalidité physique ou morale, un impôt annuel et fixe de 100 à 200 francs, plus une taxe de 5 à 10 °/₀ sur leur revenu global, etc. Il y a près de 3 millions de célibataires laïcs ou religieux qui, supportant ainsi de très lourdes charges, et perdant d'autre part toute influence politique, se verraient obligés de se soumettre à la loi commune, c'est-à-dire de se marier. Croissez et multipliez !... (Gen., I, 28.)

enseigner, proposition au moins téméraire, malsonnante,
en ce qu'elle ôte au clergé l'éducation publique : et sait-on
où cela s'arrêterait ? *Bientôt ceux qui prêchent l'Evangile
seraient obligés de l'entendre.* » (*Lettre à l'Académie.*)

« Quand Bonaparte reviendra... *il mariera les prêtres* (1),
car enfin ces gens-là ne se peuvent passer de femmes et ne
s'en passent pas : *cela fait du désordre...* » *Gazette du Village.*
n° 4.)

« La dévotion s'allie à tout. Lorsqu'on veut, en Italie,
assassiner son ennemi, on lui dit, pour ne point le damner :
« Recommande ton âme à Dieu ; pardonne-moi, et fais un
« acte de contrition. » Il dit son *in manus*, pardonne, et on
l'égorge ; il va en paradis. Mais, si on veut le damner, on
lui dit, le poignard levé : « Renie Dieu, ou je te tue. » Il
renie, on le tue, et il va en enfer.

« Ces choses-là se font tous les jours, et par des personnes qui ne voudraient, pour rien au monde, avoir goûté
d'un potage gras le vendredi. Voilà la vraie dévotion... La
morale, dit-on, est fondée là-dessus... » *Réponse aux Anonymes*, n° 2, Véretz, le 6 février 1823.)

« Quelle vie en effet, quelle condition que celle de nos
prêtres ! On leur défend l'amour, et le mariage surtout : on
leur livre les femmes. Ils n'en peuvent avoir une, et vivent

---

(1) Le pape Pie II a écrit qu'il y avait de sérieuses raisons pour
défendre le mariage aux prêtres, mais qu'il y en avait de plus
fortes encore pour le leur permettre. Les prêtres catholiques du
Brésil sont mariés, et leurs familles ne sont pas les moins nombreuses.

avec toutes familièrement, dans la confidence, l'intimité,
le secret de leurs actions cachées, de toutes leurs pensées.
L'innocente fillette, sous l'aile de sa mère, entend le prêtre
d'abord, qui l'entretient seul à seule ; qui, le premier,
avant qu'elle puisse faillir, lui nomme le péché. Instruite,
il la marie ; mariée, la confesse encore et la gouverne. Dans
ses affections, il précède l'époux, et s'y maintient toujours.
Ce qu'elle n'oserait confier à sa mère, avouer à son mari,
lui, prêtre, le doit savoir, le demande, le sait, et ne sera
point son amant... Il s'entend déclarer à l'oreille, tout bas,
par une jeune femme, ses fautes, ses passions, ses désirs,
ses faiblesses, recueille ses soupirs sans se sentir ému ; et il
a vingt-cinq ans !

« Confesser une femme ! imaginez ce que c'est. Tout au
fond de l'église, une espèce d'armoire, de guérite, est dressée
contre le mur, où ce prêtre... jeune, ils le sont presque
tous, attend le soir, après vêpres, sa jeune pénitente qu'il
aime ; elle le sait, l'amour ne se cache point à la personne
aimée... Il l'épouserait ; il en ferait une femme vertueuse,
pieuse, n'était le pape. Il la voit chaque jour, la rencontre
à l'église ou ailleurs, et devant elle assis, aux veillées de
l'hiver, il s'abreuve, imprudent, du poison de ses yeux.

« Lorsqu'il l'entend venir, le lendemain, approcher de
ce confessionnal, qu'il reconnaît ses pas et qu'il peut dire :
« C'est elle », que se passe-t-il dans l'âme de ce pauvre confesseur ? Honnêteté, devoir, sages résolutions, ici servent de
peu, sans une grâce du ciel toute particulière. Je le suppose
un saint ; ne pouvant fuir, il gémit apparemment, soupire,
se recommande à Dieu : mais si ce n'est qu'un homme, il
frémit, il désire, et déjà malgré lui, sans le savoir peut-être,
il espère. Elle arrive, se met à ses genoux, à genoux devant
lui dont le cœur saute et palpite... Que vous semble, entre
nous, d'une telle situation ? Seuls, la plupart du temps, et
n'ayant pour témoins que ces murs, que ces voûtes, ils
causent ; de quoi ? hélas ! de tout ce qui n'est pas innocent.

Ils parlent, ou plutôt murmurent à voix basse, et leurs
bouches s'approchent, leur souffle se confond...

« Cette scène chaque jour se renouvelle par quarante
mille jeunes prêtres avec autant de jeunes filles qu'ils
aiment parce qu'ils sont hommes, confessent de la sorte,
entretiennent tête à tête, visitent parce qu'ils sont prêtres,
et n'épousent point parce que le pape s'y oppose. Le pape
leur pardonne tout, excepté le mariage, voulant plutôt un
prêtre adultère, impudique, débauché, assassin, que marié (1). Réfléchissez maintenant, Monsieur, et voyez s'il était
possible de réunir jamais en une même personne deux
choses plus contraires que l'emploi de confesseur et le vœu
de chasteté ; quel doit être le sort de ces pauvres jeunes
gens !... N'est-ce pas assez de cette monstrueuse combinaison
pour rendre les uns forcenés, les autres criminels et tous
extrèmement malheureux ? Je sais là-dessus leur secret (2)... »
(*Réponse aux Anonymes*, n° 2 ; Véretz, 6 février 1823.)

----

(1) En dehors des désordres sociaux signalés ici par Courier, il
faut bien dire et répéter que, si la confession n'est qu'une indi-
gnité, le célibat religieux est une des causes les plus graves de
la dépopulation de notre pays. Les nations exclusivement catholiques sont les moins peuplées. En pratiquant le célibat pour eux-
mêmes et en « sanctifiant la virginité » (comme saint Hilaire,
évêque de Poitiers, faisant mourir sa fille Apia pour qu'elle meure
vierge), les prêtres ont empêché de nombreux mariages. On calcule que si, au temps de la Réforme, les 100.000 prêtres et moines
de tous ordres avaient épousé 100.000 religieuses, la population
de la France serait aujourd'hui supérieure à celle de l'Allemagne : le Français Jacques Choisnard, parti au Canada en 1684,
laisse une famille qui compte actuellement 4.500 membres !

(2) A Livourne, le chanoine Fortini lui assura qu'il avait observé
son vœu de chasteté. « Mais je ne voudrais pas revenir à l'âge
de vingt ans, dit-il. J'ai souffert, Dieu le sait, et m'en tiendra
compte, j'espère ; mais je ne recommencerais pas. » A Rocca di
Papa, Courier dit à un bon vicaire qui voulait le convertir : « Cher

Paul-Louis Courier et la Guerre.

« Dites à ceux qui veulent voir Rome qu'ils se hâtent ;
car chaque jour le fer du soldat et la serre des agents français flétrissent ses beautés naturelles et la dépouillent de sa
parure. Je ne sais pas d'expressions assez tristes pour vous
peindre l'état de délabrement, de misère et d'opprobre où
est tombée cette pauvre Rome que vous avez vue si pom-
peuse, et de laquelle à présent on détruit jusqu'aux ruines...
Maintenant il n'y reste que ceux qui n'ont pu fuir, ou qui,
le poignard à la main, cherchent encore, dans les haillons
d'un peuple mourant de faim, quelques pièces échappées à
tant d'extorsions et de rapines... Le pain n'est plus au rang
des choses qui se vendent ici. Chacun garde pour soi ce
qu'il en peut avoir au péril de sa vie. Vous connaissez le
mot *panem et circenses :* ils se passent aujourd'hui de tous
les deux... On ne peut manger un œuf. Toutes les denrées
les plus nécessaires à la vie sont également inaccessibles
aux Romains... Allez ! nous vengeons bien l'univers vaincu !
Les monuments de Rome ne sont guère mieux traités que
le peuple. Tout est emporté, pillé, perdu ou vendu. Des
soldats, qui sont entrés dans la bibliothèque du Vatican, ont
détruit le fameux *Térence* du Bembo, manuscrit des plus
estimés, pour avoir quelques dorures dont il était orné... »
(Lettre à M. Chlewaski ; Rome, 8 janvier 1799.)

.•.

« On doit avoir tué douze ou quinze cents Napolitains,
les autres courent, et nous courrons demain après eux,

---

abbé, demain je me confesse, si tu veux te marier et vivre heureux. » L'abbé lui mit la main sur la bouche et ses yeux se
remplirent de larmes.

bien malgré moi. Remacle a une grosse mitraille au travers
du corps ; il est mourant. Il nomme sa mère et son pays.
On pille fort dans la ville et l'on massacre un peu. Nous
sommes dans une maison pillée : deux cadavres nus à la
porte : sur l'escalier, je ne sais quoi ressemblant assez à un
mort ; le feu est à la maison voisine, pas un meuble dans
celle-ci, pas un morceau de pain. Que mangerons-nous ?... »
(Morano, 8 mars 1806.)

∴

« Nous pendîmes un capucin à San-Giovanni in Fiore,
et une vingtaine de pauvres diables qui avaient plus la mine
de charbonniers que d'autre chose. Ici nous n'avons pu
pendre qu'un père et son fils, que l'on prit endormis dans
un fossé ; il ne s'est trouvé que cela. Pas une âme dans la
ville ; tout se sauve et il n'est resté que les chats dans les
maisons. » (Scigliano, 21 août 1806.)

∴

« Si les traits ainsi raccourcis de ces exécrables farces ne
vous inspirent que du dégoût, je n'en serai pas surpris.
Cela peut piquer un instant la curiosité de ceux qui con-
naissent les acteurs. Les autres n'y voient que la honte de
l'espèce humaine. C'est là néanmoins l'histoire, dépouillée
de ses ornements. Voilà les canevas qu'ont brodés les Hérodote et les Thucydide. Pour moi, m'est avis que cet enchaî-
nement de sottises et d'atrocités qu'on appelle histoire ne
mérite guère l'attention d'un homme sensé. Plutarque me
fait pitié de nous venir prôner tous ces donneurs de batailles dont le mérite est d'avoir joint leurs noms aux événements qu'amenait le cours des choses. Nous faisons aux
insurgés la plus vilaine de toutes les guerres. Nous en tuons
peu, nous en prenons encore moins, mais ceux que nous

attrapons, nous les pendons aux arbres. » (Mileto, 12 septembre 1808.)

.·.

« Il faut convenir que nos aventures ne sont pas gaies. Voici celle de Cassano. Après avoir saccagé, sans savoir pourquoi, la jolie ville de Corrigliano, nos gens montaient vers Cassano. Le bataillon suisse marchait en tête, fort délabré comme tout le reste. Les habitants, voyant cette troupe rouge, nous prennent pour des Anglais. Ils sortent. viennent à nous, nous embrassent, nous félicitent d'avoir frotté ces coquins de Français. ces voleurs. ces excommuniés... On reçut ainsi toutes leurs confidences, et ils ne nous reconnurent que quand on fit feu sur eux. à bout touchant. On en tua beaucoup. On en prit cinquante-deux, et le soir on les fusilla sur la place de Cassano. Les bons Calabrais de Joseph demandèrent comme une faveur d'être employés à cette boucherie. Ils n'eurent pas de peine à l'obtenir, car nous étions las du massacre de Corrigliano.

« La scène de Marcellinara est du même genre. Arrivés sur la place, la foule nous entourait. Un homme chez lequel avait logé Reynier le reconnait et veut s'enfuir. Reynier fait signe qu'on l'arrête ; on le tue. La troupe tire tout à la fois ; en deux minutes la place fut couverte de morts .. On tue tant, on est si pressé qu'on ne fait les choses qu'à moitié. » (Mileto, 16 octobre 1806.)

.·.

« Nous sommes à présent dans une paix profonde et favorable à mes études ; mais cette paix peut être troublée d'un moment à l'autre. Tout tient au caprice de « deux ou trois bipèdes sans plumes (1) » qui se jouent

______

(1) Expression tirée de Platon.

de l'espèce humaine. » (Lettre à M. de Sainte-Croix ;
Naples, ... juin 1807.)

.·.

« Il y a toujours dans une armée cent officiers capables
de la bien commander ; un prince même y réussit, et ce
que fait bien un prince, tout le monde le peut faire. »
(Naples, 27 novembre 1807.) Il y a un art de faire la guerre :
mais c'est le seul qui ne demande point d'apprentissage :
c'est le seul art qu'on sache sans l'avoir appris.

.·.

« Quant à quitter mon vil métier, je sais ce que vous
pensez là-dessus, et moi-même je suis de votre sentiment.
Ne voulant ni vieillir dans les honneurs obscurs de quelque
légion, ni faire fortune, il faut laisser cela. Sans doute : c'est
mon dessein. » (Lettre à M. Danse de Villoison ; Barletta,
8 mars 1805.)

.·.

« J'ai enfin quitté mon vilain métier, un peu tard. c'est
mon regret. Je n'y ai pas pourtant perdu tout mon temps.
J'ai vu des choses dont les livres parlent à tort et à travers.
Plutarque à présent me fait crever de rire. Je ne crois plus
aux grands hommes. » (Lettre à M. Sylvestre de Sacy ;
Rome, 3 octobre 1810.)

.·.

« Vous êtes bon de vous occuper des grands hommes :
j'en ai vu de près deux ou trois : c'étaient de sots personnages. » (Lettre à M. Clavier ; Florence, 13 mars 1810.)
« La moitié des gens qui se battent sont vainqueurs et grands

guerriers ; de deux généraux opposés, l'un battra l'autre et
sera grand ; c'est l'affaire d'une heure... Le monde est bien
sot d'honorer tous ces gens qui gagnent des batailles et
soumettent des provinces... La gloire en ce genre, c'est de
tuer beaucoup. C'est cela qui fait le héros ; et celui qui
perd la bataille n'est jamais qu'un misérable. Le vainqueur
seul est le grand homme, et le plus grand homme est
celui qui tue davantage ; car ce ne serait rien d'avoir tué
quinze ou vingt mille hommes. Avec cela on est à peine
nommé dans l'histoire. Pour y faire quelque figure, il faut
massacrer par millions (1)... »

Paul-Louis Courier et la Liberté.

Tous les ouvrages de Courier, lettres ou pamphlets, res-
pirent ou chantent la liberté, l'indépendance, et fustigent
d'une fine ironie, — toujours éloquente, parfois indignée,
— le fanatisme et l'oppression, c'est-à-dire tout ce qui gêne
ou entrave l'essor des peuples.

Nous en transcrivons ci-dessous quelques extraits.

.

« Ma demeure s'étend de Naples à Paris. Je goûte avec
délices les douceurs de l'indépendance. Quoique dans le
vilain métier que j'ai fait si longtemps je fusse bien moins
esclave qu'un autre, je ne connaissais point du tout la

---

(1) Napoléon, qui fit tuer plus de trois millions de Français,
est le plus grand homme de son siècle !

liberté. Si l'on savait ce que c'est, les rois descendraient du trône et personne n'y voudrait monter... » (Lettre à M. et Mme Thomassin, 12 octobre 1809.)

« Une infâme affaire a eu lieu dernièrement à Luynes. Dans ce village d'environ 1.200 habitants, douze personnes ont été arrêtées pour propos séditieux et conduite suspecte. C'étaient les ennemis du curé et du maire. Les uns sont restés en prison six mois, les autres y sont encore. Une jeune fille se meurt de la peur qu'elle a eue en voyant arrêter son père... » (Lettre du 7 novembre 1816 à Mme Courier.)

« Mais dites-moi, je vous prie, vous qui avez couru, sauriez-vous un pays où il n'y eût ni gendarmes, ni rats de cave, ni maires, ni procureurs du roi, ni zèle, ni appointement (je voulais dire dévouement : n'importe, c'est tout un). ni généraux, ni commandants, ni nobles, ni vilains qui pensent noblement ? Si vous savez un tel pays sur la mappemonde, montrez-le-moi, et me procurez un passeport... » (Lettre de Tours, 18 octobre 1819.)

« Le monsieur du journal... dit que nous sommes libres, et j'en dis tout autant ; nous sommes libres, comme on l'est à la veille d'aller en prison. Nous vivons à l'aise, ajoute-t-il, et rien ne nous gêne à présent. Je sens ce bonheur, et j'en jouis comme faisait Arlequin, dit-on, qui, tombant du haut d'un clocher, se trouvait assez bien en l'air, avant de toucher le pavé...

« Ah ! si ma langue pouvait dire ce que mon esprit voit, si je pouvais montrer aux hommes le vrai qui me frappe les yeux, leur faire détourner la vue des fausses grandeurs qu'ils poursuivent, et regarder la liberté, tous l'aimeraient, la désireraient. Ils connaîtraient, en rougissant, qu'on ne gagne rien à dominer, qu'il n'est tyran qui n'obéisse, ni maître qui ne soit esclave, et, perdant la funeste envie de s'opprimer les uns les autres, ils voudraient vivre et laisser vivre. S'il m'était donné d'exprimer, comme je le sens, ce que c'est que l'indépendance, Decazes reprendrait la charrue de son père, et le roi, pour avoir des ministres, serait obligé d'en requérir, ou de faire faire ce service à tour de rôle, par corvée, sous peine d'amende et de prison... » (Deuxième lettre particulière, du 28 octobre 1820.)

Château de Luynes.

CINQUIÈME PARTIE

Monuments élevés à la mémoire
de P.-L. Courier

1° La Tombe.

Mme Courier s'occupa, dès le mois de novembre 1825, d'assurer le repos à la dépouille mortelle de son mari.

Tombe de P.-L. Courier et de son fils aîné.

Elle fit une demande au maire pour acheter une concession perpétuelle de 4 mètres carrés de terrain dans le cime-

tière (1). Mais les concessions étaient jusque-là inconnues
à Véretz. Il fallut une délibération du conseil fixant le prix,
un engagement de Mme Courier de payer le prix fixé et de
faire une donation quelconque au profit des pauvres du
bureau de bienfaisance.

Mais l'autorisation se faisant trop longtemps attendre,
elle écrivit au préfet (2).

---

(1) « 15 « novembre 1825, la Chavonnière. — Monsieur, j'ai l'honneur de m'adresser à vous comme maire pour obtenir de la
commune ou de la fabrique de Véretz la concession à perpétuité
du terrain auquel est la sépulture de feu mo sieur Courier dans
le cimetière de Véretz. Ayant l'intention d'y élever un monument
durable, je désire qu'il me soit accordé l'assurance que rien ne le
dérangera. J'ignore s'il est quelques formalités à faire et vous
prie, Monsieur, soit de vouloir bien me les indiquer, soit de me
faire dire ce qui aura été résolu sur ce sujet si on délibère sur
ma demande. Ayez la bonté de me donner une prompte réponse,
car je n'attends plus que votre assentiment pour mettre les ouvriers
en œuvre.

« J'ai l'honneur d'être, Monsieur, votre très humble et obéissante
servante. — Herminie, veuve Courier.

« Monsieur Debeaune, maire de Véretz. »

(2) « J'ai l'honneur de vous adresser, Monsieur, ma soumission
pour la tombe de feu monsieur Courier. Plusieurs obstacles m'ont
retardée, mais il vous souviendra peut-être que vous eûtes la
gracieuse obligeance de me permettre de vous l'adresser et de
me permettre votre appui pour la faire recevoir. J'espère que cette
fois elle sera dans les formes et présentée par vous, Monsieur, je
suis certaine de la voir bien accueillir. J'oserai réclamer encore
de votre bonté quelques instructions sur les démarches à faire
ultérieurement, car j'ignore entièrement et la marche que doit
suivre cette petite affaire et le tems qu'elle demande et à qui je
dois payer le prix de l'acquisition.

« Pardon, Monsieur, vous m'avez encouragée et j'ai pris har-
diesse en votre bienveillance. Recevez-en mes très sincères remer-
ciements et l'assurance de ma gratitude.

« J'ai l'honneur d'être, Monsieur, votre très humble et obéissante servante. — Herminie, veuve Courier.

« Le 18 octobre 1826, la Chavonnière, commune de Véretz. »

Cénotaphe de la forêt de Larçay.

Autre obstacle : s'il y avait des pauvres dans la commune,
il n'y avait pas de bureau de bienfaisance. Enfin, après de
longs délais, une ordonnance royale intervint, le 3 juin 1827,
accordant la concession demandée, moyennant 200 francs
à verser à la commune et un don de 100 francs pour les
pauvres. Il fallut créer un bureau de bienfaisance pour
recevoir cette dernière somme.

La pierre tombale qui y fut posée est très simple : sur
une plaque de marbre blanc est gravé : « Paul Louis Courier,
4 janvier 1772-10 avril 1825. » Cette tombe est entretenue
par quelques admirateurs de Paul-Louis et l'administration
communale.

2° Le Cénotaphe de la Forêt.

Le monument élevé dans la forêt de Larçay par Mme Courier à la mémoire de son mari est de 1828. Avant de quitter
la Touraine pour toujours, elle voulut marquer d'une
manière durable le lieu où l'illustre pamphlétaire avait
été assassiné.

C'est un cube de maçonnerie de 1^m.80 à 2 mètres d'élé-
vation, portant une plaque de marbre noir sur laquelle
elle fit graver : « A la mémoire de Paul-Louis Courier
assassiné en cet endroit le 10 avril 1825. Sa dépouille
mortelle repose à Véretz, mais ici sa dernière pensée a
rejoint l'éternité. »

Sur cette plaque fut écrit à la craie, à plusieurs reprises
et avant le procès, par une main inconnue : « Frémont est
l'assassin. »

3° Hôtel de Ville de Paris (1882).

Un buste de Paul-Louis Courier orne l'une des cent dix
niches de l'hôtel de ville, séparant les croisées Renaissance
du premier étage.

4° Hôtel de Ville de Tours (1904).

Une statue en pied de Paul-Louis, écrivant sur des ta-
blettes son pamphlet de Chambord, œuvre du sculpteur

Hôtel de Ville de Tours.

tourangeau A. Lefeuvre, est placée dans la salle des pas-per-
dus de l'hôtel de ville de Tours.
Une rue, à Tours, porte le nom de P.-L. Courier.
L'école supérieure des garçons, à Tours, porte aussi son
nom.

5° Le Monument de la Place de Véretz
(1876-1878).

Le promoteur en fut M. Eugène Rigault, conseiller
municipal de Paris, qui fit part de son idée à MM. About,
Sarcey et Wilson.

Une souscription fut ouverte par le *XIXe Siècle ;* elle
produisit 7.500 francs.

Le monument fut exécuté par l'architecte Viollet-le-Duc,
en pierre dure de Chagny. Il se compose d'un cippe de

3 mètres de hauteur reposant sur un soubassement. Dans le cartouche de la face est gravé : « A Paul-Louis Courier, champion du bon sens et de la liberté. »

C'est un monument funéraire qui devait être placé au cimetière, sur la tombe du pamphlétaire. La famille Courier s'y opposa par la lettre suivante :

« *A Monsieur le Maire de Véretz.*

« Monsieur le Maire,

« J'apprends par les journaux qu'une manifestation politique, ayant pour objet d'élever un monument à Paul-Louis Courier, se prépare en Touraine. Je n'ai à approuver ni à blâmer le fait en lui-même, et je laisse à chacun la responsabilité de ses actes. Mais, dans tous les cas, au nom de mon frère et moi, comme propriétaires de la tombe élevée dans le cimetière de Véretz, où reposent les restes de Paul-Louis Courier, je déclare m'opposer à toute modification, toute réparation quelconque, apportées à cette sépulture. En votre qualité de représentant de la loi, Monsieur le Maire, je vous prie de la protéger et de faire en sorte que nul n'y porte la main sans être dûment autorisé par moi. Je vous requiers même, au besoin, d'employer pour cela les moyens que votre qualité met à votre disposition, déclarant être décidé à faire valoir nos droits et ceux de ma famille et à poursuivre toute atteinte à ces droits devant les tribunaux compétents.

« J'ai l'honneur d'être, Monsieur le Maire, votre très humble et très obéissant serviteur.

« P. Courier,

« Propriétaire à la Clouterie-Sainte-Marie,
par Malbuisson (Doubs), le 4 juillet 1876. »

Le 3 juillet, avant la réception de cette lettre, le conseil municipal, connaissant l'opposition de la famille Courier, avait pris une délibération qui concédait un emplacement sur la place publique pour y élever le monument projeté :

« L'an mil huit cent soixante-seize, le dimanche trois juillet, à une heure du soir, le conseil municipal, composé de MM. Moreau-Vincent (dit Amable), maire, Huret-Barillet, Bre-

Monument de P.-L. Courier à Véretz.

ton-Moreau, Tuffeau, Girault-Chevrier, Desouches-Bizeau, adjoint, Pierre Huret, Girollet-Serrault et Coudreau-Roy ;

« Vu la lettre de MM. Eugène Rigault, Hérold, Wilson, Edmond About, Francisque Sarcey, Spuller, Paul Meurice, Viollet-le-Duc, Hébrard, par laquelle M. le maire est informé qu'une souscription publique, ouverte dans le but d'élever

à Paul-Louis Courier un monument qui perpétue dans cette
commune le souvenir de cet homme illustre, qui l'a habitée
et qui y est enseveli, a produit une somme de 7.500 francs
qui, dès à présent, est mise à la disposition de la commune
pour la construction du monument susdit.. :

« Délibère : Un terrain de huit mètres superficiels, sis à
Vérelz, sur la place publique, est affecté à perpétuité par
la commune de Vérelz à la construction d'un monument
élevé à la mémoire de Paul-Louis-Courier... »

Le conseil, pour faire face à la dépense d'une fête
publique donnée à cette occasion, vota la modeste somme
de 400 francs.

Tout le cléricalisme tourangeau se leva contre le monument et contre la fête d'inauguration. Le *Journal d'Indre-
et-Loire* fit grand tapage (1) : mais la cérémonie, qui eut lieu
le 16 juillet 1876, pour la pose de la première pierre, fut
magnifique : il y eut régates sur le Cher, musique sur l'eau,
retraite aux flambeaux, feu d'artifice, bal gratuit : rien n'y
manqua. La journée fut mauvaise pour les « cagots ». Ce
fut M. Belle, maire de Tours, qui reçut les invités au nom
de M. Moreau, maire de Vérelz, et au sien. En des discours
éloquents, MM. Belle, Rigault, Edm. About, Henri Martin
et Pascal Duprat célébrèrent avec enthousiasme le courage,
le bon sens et le talent de l'illustre pamphlétaire. A deux
heures, Pascal Duprat et Viollet-le-Duc posèrent la première
pierre du monument, pendant que la musique jouait la
Lisette de Béranger.

La fête se termina à Chenonceaux (2), chez M. Wilson,

---

(1) L'*Union libérale* de Tours répondait vivement : « Le nom de
Courier appartient aujourd'hui au pays ; sa gloire fait partie in-
tégrante du patrimoine national, et le droit de célébrer la mémoire
de l'illustre écrivain tourangeau ne saurait être contesté à personne. »

(2) Le château de Chenonceaux était la propriété de Mme Pelouze,
sœur de M. Wilson.

député d'Indre-et-Loire, par un banquet de cent cinquante couverts servi dans la grande galerie du château.

Un grand nombre de discours remarquables furent prononcés ; nous ne voulons retenir que celui de Viollet-le-Duc. qui a dit : « Paul-Louis était intimement lié avec mon père :

Le château de Chenonceaux.

nous le voyions quand il n'était pas en prison. et, quand il y était, nous allions l'y voir.

« J'avais douze ans quand il me donna le *Recueil de la collection des vases grecs,* d'Hamilton.

« Paul-Louis était un mélange de quelque chose de très bon et de très bourru, aimant les enfants et la vérité : mal avec ses amis, et les convainquant à force de persuasion.

« Chez mon père, on a bu souvent à sa santé ; aujourd'hui, je vous convie à boire à la perpétuité de sa mémoire. »

L'inauguration ne put avoir lieu que deux ans après. le 28 juillet 1878, au sortir du régime de « l'ordre moral ». inventé par le cléricalisme. Sur l'estrade. dressée devant le monument. se trouvaient réunis les mêmes personnages qu'en 1876, plus M. Ceresole, ex-président de la République helvétique, le préfet Daunassans, 3 sénateurs. 20 députés,

10 conseillers municipaux de Paris, les conseils municipaux de Tours et de Véretz. Vingt grands journaux de Paris
et des départements y étaient représentés...

Ce fut une immense explosion de joie et d'enthousiasme
en faveur de la liberté reconquise : une foule énorme était
venue l'acclamer à Véretz, devant la statue de Paul-Louis
Courier, apôtre de la liberté et de la démocratie.

Pendant la cérémonie, les musiques d'Azay, de Montlouis
et de Saint-Avertin jouèrent la *Marseillaise*. Une pièce de
vers de Paul Foucher (1) fut lue par Coquelin cadet, de la
Comédie-Française, après les discours de MM. Belle,
Rigault, About, Léon Renault et Jules Simon.

La fête se continua encore à Chenonceaux, où le parc
était parsemé de restaurants, de buffets, de cantines, pour
une foule d'assistants que l'on évalue à plus de quinze mille
personnes. Un banquet de deux cents couverts fut servi
aux invités dans la grande galerie du château. Une repro-
duction du monument de Véretz fut offerte à Mᵐᵉ Pelouze
par le comité. Cette fête grandiose eût été admirable sans
la pluie qui tomba une partie de la journée. Les illumina-
tions furent complètement manquées : mais le feu d'artifice,
tiré vers dix heures, fut assez bien réussi.

A Véretz, un banquet de cent couverts, présidé par
M. Moreau, maire, assisté de M. Belle et du maire de Montlouis, fut servi sur le mail pour les invités qui n'avaient
pu se rendre à Chenonceaux.

Ainsi fut magnifiquement glorifié l'illustre « vigneron
de la Chavonnière », malgré tous les obstacles élevés par
l'opposition cléricale (2).

---

(1) Rédacteur au *National*.

(2) En 1883, le maire de Véretz, M. Huret, reçut de M. Garassut,
professeur de mathématiques, 62, rue Montmartre, à Paris, une
lettre proposant l'érection par souscription publique d'une statue
en pied à P.-L. Courier. Le conseil, appelé à se prononcer, rejeta
la proposition de M. Garassut.

6° Le Livre d'Or (1912).

Lors d'une visite à la Chavonnière de MM. Louis André,
Robert Gaschet et Victor Perrot, le samedi 3 août 1912,
M. Perrot eut la délicate pensée de préparer un livre d'or, qui
fut confié à M. Habert, propriétaire actuel de ce domaine.

Le frontispice de ce modeste livre est orné d'une bruyère
naturelle de la forêt de Larçay, cueillie au lieu même où
tomba P.-L. Courier.

Il est déjà couvert d'un grand nombre de signatures
parmi lesquelles nous avons relevé celles de MM. Anatole
France, Ollendorff, Michel Corday, Victor Perrot, Robert
Gaschet; Louis André, André Lebey, député socialiste de
Versailles, Paix-Séailles, Horace Hennion, Dr Mascarel.
Mlle Jehanne d'Orliac, etc., etc...

7° La Plaque commémorative (1918).

En 1917, M. Marchadier, instituteur à Véretz, prit l'initiative de la pose d'une plaque commémorative sur la maison de Paul-Louis Courier, à l'occasion du centenaire de
son établissement à la Chavonnière.

Il sollicita M. Anatole France de s'intéresser à cette œuvre
et fonda le comité; la plaque fut posée par ses soins, et
inaugurée le 8 septembre 1918.

« Les amis et admirateurs de Paul-Louis Courier ont
tenu à fêter le centenaire de l'installation à la Chavonnière
du célèbre pamphlétaire français. A cet effet, un comité,
sous la présidence de notre éminent compatriote Anatole
France, avait organisé une manifestation, qui a eu lieu à
Véretz, dimanche 8 septembre à deux heures de l'après-
midi, dans la plus stricte intimité.

« M. Marchadier, le dévoué secrétaire du comité, fit connaître le but de la réunion et rappela la vie de Paul-Louis
Courier à Véretz.

« M. Anatole France, de l'Académie, prononça un magistral discours.

« M*lle* Maille, de la Comédie-Française, lut un passage de la traduction de *Daphnis et Chloé* et *Une Lettre à ma Cousine* ; puis M. Lebey, député de Seine-et-Oise, improvisa une charmante allocution qui fut très applaudie.

Plaque commémorative.

« Une couronne fut déposée sur le « monument », une autre au cimetière, sur la tombe de l'écrivain ; le mauvais temps empêcha les invités de faire le pèlerinage de la Chavonnière, où une plaque commémorative avait été posée (1). »

« Malgré le mauvais temps et la longueur de la route, l'hôte illustre de la Béchellerie avait quitté le coteau de Saint-Cyr pour venir jusqu'à celui de Véretz, mû par son culte pour le vigneron de la Chavonnière...

---

(1) Compte rendu du journal *la Dépêche*, de Tours, numéro du 10 septembre 1918.

« Son discours sur Paul-Louis Courier fut délicieux...
C'est une page à conserver. Elle est du meilleur Anatole
France, c'est-à-dire du plus parfait en son genre : du plus
exquis comme langue, du plus élevé comme idée, et aussi
du plus terrible comme pensées...

« Le philosophe aristocrate et démocrate... rendit le plus
complet hommage à l'illustre ancêtre de Véretz sur-Cher.

« L'un ne peut être mieux compris que par l'autre : car
l'auteur de l'*Histoire contemporaine*... nourrit le même
culte pour la Beauté, pour la Justice, pour la Liberté.

« Il trempe sa plume dans une encre faite des mêmes
sucs et des mêmes acides. avec seulement des différences
de proportions dans le mélange. Et la sandaraque dont il
sèche ses pages soigneusement écrites contient de la
poudre d'or, et aussi quelques grains d'explosifs (1. »

Une centaine seulement de lettres d'invitation avaient été
lancées par le comité. pour cette fête intime.

La plaque commémorative, en marbre blanc, posée sur
la maison de la Chavonnière. porte cette inscription :

A PAUL-LOUIS COURIER

A L'OCCASION DU CENTENAIRE DE SON ÉTABLISSEMENT

A LA CHAVONNIÈRE

(1818-1918)

C'EST EN CETTE MAISON QUE L'ILLUSTRE « VIGNERON »

ÉCRIVIT SES IMMORTELS PAMPHLETS

———

PLAQUE POSÉE LE 8 SEPTEMBRE 1918

SOUS LA PRÉSIDENCE D'HONNEUR DE M. ANATOLE FRANCE

DE L'ACADÉMIE FRANÇAISE

———

(1) Horace Hennion, dans *la Touraine républicaine,* numéro du
15 septembre 1918.

.*.

Discours du secrétaire, M. Marchadier.

« Cher Maitre, Mesdames. Messieurs,

« Nous sommes réunis aujourd'hui pour fêter un centenaire. Il y a un siècle que Paul-Louis Courier vint s'établir en cette maison, qu'il acheta le 21 avril 1818.

« J'ai cherché en vain à savoir quel jour l'illustre « vigneron » prit possession de son nouveau domaine ; je n'ai pu retrouver aucun document précis. Un registre des délibérations du conseil municipal indique qu'il était convoqué à la réunion du 14 juin 1818, et son nom y figure à côté de celui de Clément de Ris, son voisin d'Azay-sur-Cher, dont l'aventure de 1799 fit tant rire toute l'Europe. Son absence à la réunion n'est point signalée ; mais c'est une erreur qui provient de ce que M. le maire de Véretz rédigeait habituellement ses délibérations avant les séances du conseil.

« Cependant, cette date est précieuse, parce qu'elle indique que Courier habitait déjà le pays depuis un certain temps.

« Ainsi, il est à peu près prouvé que le grand pamphlétaire prit possession de cette maison au mois de mai 1818. Il y vint sans doute par un beau jour de printemps, pendant que les jeunes bourgeons de son vignoble brisaient leurs frileuses enveloppes, et que, de concert, toutes les roses de la Chavonnière lançaient leurs plus subtils parfums pour charmer et retenir la jolie « Minette » qui venait s'établir en cette solitude.

« Hélas ! ces roses traîtresses cachaient sous leurs pétales embaumés de bien terribles épines !...

« Puisqu'il parait donc établi que Paul-Louis vint habiter ici au printemps, vous vous demanderez, sans doute, pourquoi cette fête du souvenir n'a pas été placée à son véritable anniversaire.

« Messieurs, nous sommes ici dans une ferme, où le labeur est très dur et continu ; le printemps est le moment

des grands travaux, et force a été au comité de remettre
cette cérémonie à une saison plus convenable.

« De concert avec le propriétaire, il a été décidé qu'elle
aurait lieu après les moissons, entre messidor, qui mûrit
les dons de Cérès, et vendémiaire, qui achève et parfume
la bonne purée septembrale, si chère à notre bon Rabelais.

Cabinet de P.-L. Courier.

« Il aurait fallu que ce centenaire fût fêté avec éclat, en
des réjouissances populaires dignes de ce grand champion
de la liberté ; mais, hélas ! il n'est pas permis de se réjouir
à cause du sombre cliquetis des armes, des deuils cruels,
des angoisses de l'heure terrible que nous vivons. C'est
pourquoi le comité a tenu à ce que le centenaire de Paul-
Louis ne fût qu'une manifestation littéraire tout intime,
aussi simple que possible.

« D'ailleurs, les sept années que Courier vécut en cette
maison, bien qu'elles aient vu éclore les immortels pamphlets qui l'ont rendu illustre à jamais, ont aussi vu naître

les soucis, les haines sourdes et tous les déboires domestiques qui ont préparé le grand drame de 1825.

« Il y eut d'abord la querelle avec le voisin Isambert,
dont la domestique insultait journellement Mme Courier ;
puis le procès que fit à son garde le maire de Véretz.
M. Debeaune ; puis enfin les vols de bois, les embarras
d'argent, les deux mois de prison pour le pamphlet de
Chambord et... les défaillances de l'épouse adorée !

« Tout cela avait usé l'homme, aigri son caractère, assombri sa vie, sans abattre pourtant son activité littéraire. Désormais il vécut à l'écart, fuyant les siens et le monde,
s'enfermant dans son cabinet de travail avec ses chers
livres, où il trouvait la consolation et l'oubli.

« C'est en cette soupente rustique et obscure qu'il écrivit
ses terribles pamphlets, chefs-d'œuvre qui font l'admiration
du monde. C'est d'ici que partirent les premiers grondements de l'orage formidable qui devait emporter la Charte
et ébranler le trône.

« Hélas ! le malheur apparut soudain sur cette maison,
où était entrée la discorde, et le *Pamphlet des Pamphlets* fut
le chant du cygne de cet écrivain merveilleux.

« Un jour de printemps, par une tiède soirée **d'avril**, le
coup de fusil d'un obscur garde-chasse abattait le grand
homme dans sa forêt de Larçay !

« Messieurs, Courier est mort !... Encore une fois, l'ignorance a tué le génie... Il disparaît dans la plénitude de son
talent, l'esprit tout rempli de projets littéraires ; l'assassin inconscient nous a privés d'un bagage considérable, et notamment des *Mémoires de sa Vie*, qui n'ont jamais été publiés.

« Mais, si Courier est mort, son souvenir est vivant en
nous, palpite dans nos cœurs. Ah ! si sa grande âme pouvait contempler tous ces fidèles admirateurs venus des
quatre coins de la France ; si sa grande ombre pouvait
planer sur cette réunion d'élite, dont le but est d'orner son
foyer de la marque éternelle du souvenir, Paul-Louis tres-

sa'llerait de joie dans sa tombe. Le « vil pamphlétaire » se sentirait vengé de toutes les avanies, de toutes les humiliations, de toutes les flétrissures dont il fut accablé durant sa vie.

.˙.

« Messieurs, les pamphlets de Courier, traduits dans toutes les langues, ont porté avec eux, dans le monde, le nom de Vérelz. Cette humble bourgade est, par eux, devenue presque célèbre ; et l'homme illustre qui lui a fait cette renommée par ses chefs-d'œuvre repose au petit cimetière, où nous sommes allés déposer une couronne.

« Vérelz, qui conserve ses cendres, se devait donc d'honorer le grand homme. Il lui éleva en effet un monument, qui fut érigé sur la place publique en 1878. La cérémonie qui eut lieu à cette occasion fut une grandiose manifestation républicaine ; on y glorifia magnifiquement l'écrivain, mais surtout la Liberté, qui commençait à renaître, et dont il fut un des plus ardents champions.

« Mᵐᵉ Courier avait eu, peu de temps après l'assassinat, la bonne pensée d'indiquer le lieu du crime par une pyramide.

« Toutes les étapes ultimes de Courier étaient marquées d'une « pierre blanche ».

« Seule, sa maison, où il avait aimé et souffert : l'atelier où ce Vulcain forgeait ses foudres vengeresses ; l'humble cabinet, muet témoin de ses grandes pensées ; enfin sa Chavonnière aimée n'avait rien pour rappeler son séjour aux générations à venir. Rien ne la désignait aux profanes. Quelques rares disciples montaient seuls, comme de pieux pèlerins, à cette ferme isolée, pour pénétrer plus intimement sa vie, se retremper dans cette ambiance saturée de souvenirs et s'abreuver au flot de liberté qui jaillit ici de chaque pierre !...

« Parmi ces pèlerins de la Chavonnière s'est trouvé un fanatique, Messieurs, et je tiens à le désigner à la vindicte de Paul-Louis, qui fustigea tous les fanatismes. Ce couriériste invétéré et incorrigible, c'est notre vénéré président d'honneur, notre grand maître Anatole France ! Il a quitté son fauteuil académique pour venir ici, réparer l'oubli des générations passées, en posant une plaque commémorative sur la maison du grand « Vigneron ».

« Cette plaque précieuse, qu'un grand homme dédie à un grand homme, — et qui porte ainsi deux noms illustres — nous la confions à la sollicitude éclairée de M. et Mme Habert, persuadés qu'ils en prendront un soin pieux, en mémoire du célèbre propriétaire qui les a précédés dans cette maison.

.·.

« Je me hâte, Messieurs : le maître me lance des regards terribles, comme à un écolier qui a mal appris sa leçon. Cependant, avant de finir, qu'il veuille bien me permettre de vous remercier infiniment, toutes et tous, d'être accourus en si grand nombre à notre appel pour former, autour du foyer de Paul-Louis, une phalange de vrais amis ; d'avoir créé, en cette maison, autour du comité, une atmosphère de sympathie qui ne fera que s'étendre et portera certainement d'heureux fruits dans l'avenir.

« De cette communion d'idées et de sentiments qui nous a groupés, il sortira, je l'espère, un comité couriériste permanent, dont le but sera de s'efforcer de répandre les idées et les écrits de Paul-Louis. Il aura pour première et importante mission la célébration du centenaire de 1925(1). Cette maison, tout imprégnée de ses dernières pensées, devrait devenir un centre de lumière et de liberté, et le cabinet de

---

(1) Ce comité a été fondé à la Béchellerie en 1922, sous le patronage d'Anatole France, du ministre de l'instruction publique, des élus d'Indre-et-Loire et d'un grand nombre d'écrivains. La mort du maître, survenue le 12 octobre 1924, va en modifier la composition.

travail pourrait même être transformé en bibliothèque et
en musée.

« Nous aurons toujours, Messieurs, — et peut-être plus
que jamais après la guerre, — besoin de nous grouper, de
nous serrer autour du drapeau de la Liberté, pour la défendre contre ses éternels ennemis; car, défions-nous, avec
notre cher Paul-Louis, les « cagots » ne sont pas morts !

..

« En terminant, je tiens à évoquer les noms des fervents
précurseurs que sont : M. Louis André, président de
chambre à la cour d'appel de Paris, auteur de *l'Assassinat
de Paul-Louis Courier* : M. Victor Perrot, qui a établi le
livre d'or où vous voudrez bien signer tout à l'heure :
M. Robert Gaschet, qui, dans un excellent ouvrage, a fait
ressortir avec tant de talent les beautés du style de Paul-
Louis, et prouvé que sa prose est pleine d'alexandrins :
M. Grégoire Facchowitch, proviseur du lycée de Monastir,
qui a traduit en langue serbe les pamphlets de Courier, et
signe tous ses articles politiques du pseudonyme de « Paul-
Louis». Tous, quoique absents, sont aujourd'hui avec nous
par la pensée.

« Je dois encore remercier tout particulièrement, au nom
du comité, M Morin, député d'Indre-et-Loire ; M. Marandon,
représentant officiel de M. le préfet ; M. Crocicchia, représentant de la ville de Tours, ainsi que M. le maire et M. l'adjoint
de Véretz. Ils ont bien voulu nous accompagner à la célébration de ce centenaire, pour témoigner, par leur présence, que
les temps sont heureusement changés ; que la tyrannie est
morte sous notre beau ciel de Touraine ; que cet ex-voto
de la pensée libre a pour lui toute la bienveillance et toute
la sympathie administratives ; que les habitants d'Azay
peuvent désormais danser en rond sur leur place publique
sans craindre l'intervention du préfet, et que le terrible
M. Debeaune n'administre plus la commune de Véretz ! »

.•.

Discours de M. Anatole France.

« MESDAMES, CHERS AMIS,

« Les membres du comité formé pour célébrer l'établissement que fit, il y a cent ans, Paul-Louis Courier à la Chavonnière ont invité leur vieux voisin de Saint-Cyr-sur-Loire à cette fête de village où l'on célèbre l'agriculture, l'art et la raison. C'est une faveur dont je les remercie de tout mon cœur et particulièrement M. le maire, si cher à sa commune, et l'excellent instituteur de Véretz, M. Marchadier, à qui l'on doit une savante notice sur cette jolie ville que je viens de nommer, par étourderie, un village. Je prie les citoyens de Véretz de prendre le terme en bonne part, venant d'un ami des champs et d'un campagnard qui se fera reconnaître tout de suite vrai Tourangeau en vous demandant avec sollicitude si la vigne est belle et si vous espérez des vendanges abondantes, dues à vos soins assidus. Vous ne tarderez guère à vous livrer à ces travaux rustiques et à ces simples fêtes que la saison où nous entrons ramène tous les ans depuis les temps les plus anciens dont l'homme ait gardé la mémoire.

« Etant jà l'automne en sa force et le temps des ven-
« danges venu, chacun aux champs était en besogne à faire
« ses apprêts », est-il dit dans la *Pastorale*, les hommes
« portant la vendange dedans une hotte et la foulant... Et
« comme la coutume est en telle fête de Bacchus, à la
« naissance du vin, on avait appelé des champs de là en-
« tour bon nombre de femmes pour aider. » Elles prépa-
raient « à manger aux vendangeurs et leur versaient du
« vin de l'année précédente, puis se mettaient à vendanger
« les plus basses branches des vignes ».

« Cela, mes chers amis, est du grec et du plus fin, traduit très joliment par Paul-Louis, que nous abordons sans
plus de façon. Paul-Louis vigneron, comme il se nommait
lui-même volontiers. On dirait maintenant viticulteur,
mais Paul-Louis parlait français.

« Sa vie rustique vient de vous être contée par M. Marchadier en excellents termes : vous savez, mes amis,
qu'avant d'être vigneron, Courier fut canonnier à cheval.
Il alla à la frontière en 1792 et resta quinze ans dans ces
armées qui combattirent la coalition des rois et sauvèrent
la patrie. Je ne vous le donnerai pas pour un modèle
accompli du soldat, pour un autre La Tour d'Auvergne.
L'indépendance de son caractère, la vivacité de son esprit
curieux, les mouvements d'une âme irascible, lui rendaient
fort difficile une observation exacte des règlements militaires.

.·.

« Pour être juste, il faut se rappeler qu'en ces temps-là,
les officiers les plus brillants et les plus braves prenaient
de grandes libertés avec la discipline, témoin l'héroïque et
charmant La Salle qui, campé sur l'Adige, traversait de
nuit les lignes ennemies pour rejoindre à Vicence une princesse italienne. Avec un nonchalant mépris du danger,
Courier s'égarait parfois à la recherche d'un marbre antique
ou d'un manuscrit grec. Officier instruit, cavalier habile
qui se flattait d'entendre Xénophon sur l'article du cheval
mieux que les plus savants hellénistes, routier infatigable
et téméraire, en dépit des crachements de sang dont il faillit plusieurs fois mourir, aventureux comme pas un. Toutefois, il faut en convenir, il n'avait pas l'esprit militaire, il
n'avait pas le feu sacré. Une fois, en 1809, il en crut sentir
quelques flammes et sollicita l'honneur de se distinguer
sous les yeux de l'Empereur. Mais ce fut un feu de paille.
Après Wagram, Paul-Louis ne brûla plus que pour le grec.

et ne vécut plus que pour la science et la beauté. La guerre
ne l'avait point enrichi, comme en témoigne une lettre qu'il
écrivait en 1813 à la princesse de Salm et dans laquelle on
trouve ces lignes :

« Je travaille à mettre un peu d'ordre dans mes pauvres
« affaires ; quand je dis pauvres, ne croyez pas que je me
« plaigne de mon sort, je sais combien de gens qui me
« valent sont plus pauvres encore que moi ; et songeant à
« ce que possédaient mes amis Socrate et Phocion, j'ai honte
« de mon opulence. Enfin je mets ordre à mes affaires, et
« savez-vous pourquoi ? Pour aller à Athènes. C'est un vœu
« dont je dois m'acquitter. Tout grec un peu payen comme
« moi meurt content s'il a pu saluer la terre de Minerve et
« des Arts. »

« Homme de peu de foi, Paul-Louis avait peu aimé la
République et moins encore l'Empire. On connaît sa lettre,
datée de Plaisance, mai 1804, sur le plébiscite dans l'armée,
lettre qu'il a pu polir plus tard à loisir, mais non pas dé-
naturer. Est-il besoin de citer ?

« Bonaparte soldat, chef d'armée, le premier capitaine
« du monde, vouloir qu'on l'appelle Majesté ! Etre Bona-
« parte et se faire Sire ! Il aspire à descendre. »

« Et au lieutenant Maire, qui lui demande : « Pourquoi
« voulez-vous donc tant qu'il soit empereur, je vous prie ? »
notre homme répond : « Pour en finir et faire notre partie
« de billard. Pourquoi, vous, ne le voulez-vous pas ? — Je ne
« sais, mais je le croyais fait pour quelque chose de mieux. »

« Cela est d'un philosophe et d'un homme d'esprit, d'un
sage que le spectacle du monde amuse, et nullement d'un
homme d'action. Un gouvernement croit n'avoir rien à
craindre d'une âme si inoffensive, d'un esprit indifférent,
ami de son repos et qui dans les éversions des républiques
et les mutations des empires pense à faire sa partie de billard et à lire de vieux livres. Eh bien ! que les chefs de
l'Etat ne s'y fient pas. Ils ont tort de mépriser les gens d'es-

prit. Et ils ne gagnent rien à les pousser à bout : parfois ils
y perdent beaucoup. Nous l'allons voir bientôt.

.·.

« Lors de la chute de Napoléon et de la restauration des
Bourbons, Courier s'occupait à traduire du grec en français, ce qu'il faisait mieux que personne ; il avait épousé
une femme jeune et jolie, et regardait les affaires de l'Etat
avec une paisible indifférence. Ne tenant de Bonaparte ni
faveurs ni honneurs, il passait aux yeux des royalistes pour
homme de bien. Les nobles lui souriaient, les fonctionnaires
le flattaient et tâchaient de le gagner. Il se serait laissé faire,
n'eût été une droiture de caractère, une tendresse univer-
selle, une charité du genre humain qui, à défaut d'énergie,
l'opposait, malgré lui, à l'injustice et à la cruauté. Il ne
pouvait souffrir que l'on fît devant lui du mal aux pauvres
gens. Il aimait le peuple à sa façon, mais sincèrement, le
peuple qui, disait-il, bâtit, cultive, fabrique, lit, médite,
invente, perfectionne les arts et sait aussi se battre, si se
battre est une science. Quand il vit à l'œuvre les ultras et
les cagots, quand il rencontra sur les routes des paysans
conduits, enchaînés, par des gendarmes à la prison de
Tours pour n'avoir pas salué leur curé ou être allés boire
pendant la messe, il s'indigna, et tout frémissant écrivit
son premier pamphlet qui, décrivant l'état déplorable d'un
village de Touraine, décrivait l'état de la France entière.
Ce pamphlet fut lu avidement. Jusqu'en 1821, Courier mena
la guerre du bon sens contre les folies du pouvoir. Il n'y
avait plus alors de journaux indépendants : le ministère
Villèle les avait tous achetés ou supprimés : c'est ce qu'il
appelait amortir l'opposition. Aussi l'esprit public dévora
ces petits écrits pleins de sens et d'esprit et qu'on pourrait
appeler les provinciales du libéralisme. Dans le silence
public, Courier devenu célèbre agissait puissamment sur

l'opinion. Le gouvernement en prit ombrage et fit mettre le pamphlétaire en jugement.

« Qu'en advint-il ? Ce qu'il en devait advenir ; il en fut de ce procès comme de tous les procès politiques intentés à l'instigation du pouvoir. Le gouvernement obtint facilement une condamnation et cette condamnation discrédita le pouvoir, avilit les juges, grandit le condamné. « Plus on « me persécute, disait Paul-Louis, plus j'aurai l'estime « publique. » Et il disait vrai. Le gouvernement crut se rattraper par un second procès et poursuivit le chansonnier Béranger. Béranger fut condamné et le gouvernement ne s'en trouva pas mieux.

« Ces pamphlets de Courier se lisent encore avec un extrême intérêt malgré le changement des mœurs et des institutions. On y trouve peu de doctrine, point de système, mais beaucoup de raison et beaucoup d'humanité. Ils sont encore aujourd'hui le régal des délicats, qui reconnaissent en Courier le meilleur écrivain de son temps, le plus pur, le plus sobre, le plus exact à la fois et le plus charmant et, pour tout dire d'un mot, le moins romantique.

« Une mort tragique le frappa au moment où il atteignait la perfection de l'art. Je pourrais vous montrer dans son style la grâce enjouée de La Fontaine et l'élégante simplicité de Pascal, je pourrais vous faire sentir dans sa phrase cette pureté qui nous ramène à l'âge d'or des lettres françaises. Mais il vaut mieux que je cède la place à Mlle Maille, de la Comédie-Française, qui vous lira de sa voix charmante une page de Paul-Louis. Un mot seulement et je lui cède la place.

« Mes chers concitoyens, nous ne pouvons détacher notre pensée de ceux des nôtres qui combattent pour nous avec une constance héroïque. Ils méritent mieux que ces pompeux éloges que nous leur décernons et par lesquels nous semblons nous glorifier nous-mêmes. Et puisque, grâce à

Paul-Louis, nous sommes tous fleuris des souvenirs de la Grèce antique et de la ville de Minerve, méditons cette pensée que Thucydide attribue à Périclès et qui peut se résumer ainsi :

« Quand j'aurai montré qu'Athènes est gouvernée par de « bonnes lois, j'aurai fait un suffisant éloge de ceux qui « sont morts pour sa défense. »

« Eh bien ! puisque nous sommes unanimement pénétrés de cette idée que nos soldats combattent pour la justice et la liberté, ô mes chers concitoyens ! efforçons-nous, nous tous qui sommes rentrés ou demeurés dans nos foyers, efforçons-nous de leur conserver, à ces soldats citoyens, une patrie libre, amie de la justice. »

Mlle Constance Maille, de la Comédie-Française, avec un merveilleux talent de diction qui ravit l'assistance, lut le morceau de *Daphnis et Chloé* que Courier avait découvert à Florence, ainsi que la *Lettre à la Cousine*.

1° *Daphnis et Chloé*, livre Ier. — « Daphnis délibère de se laver. Venant donc avec Chloé à la caverne des Nymphes, il lui donna sa panetière et son sayon à garder, et se mit au bord de la fontaine à laver ses cheveux et son corps.

« Ses cheveux étoient noirs comme ébène, tombant sur son col bruni par le hâle : on eût dit que c'étoit leur ombre qui en obscurcissoit la teinte. Chloé le regardoit, et lors elle s'avisa que Daphnis étoit beau ; et comme elle ne l'avoit point jusque-là trouvé beau, elle s'imagina que le bain lui donnoit cette beauté. Elle lui lava le dos et les épaules et en le lavant sa peau lui sembla si fine et si douce que plus d'une fois, sans qu'il en vît rien, elle se toucha elle-même, doutant à part soi qui des deux avoit le corps plus délicat. Comme il se faisoit tard pour lors, étant déjà le soleil bien bas, ils ramenèrent leurs bêtes

aux étables, et de là en avant Chloé n'eut plus autre chose
en l'idée que de revoir Daphnis se baigner. Quand ils
furent le lendemain de retour au pâturage, Daphnis, assis
sous le chêne à son ordinaire, jouoit de la flûte et regardoit ses chèvres couchées, qui sembloient prendre plaisir à
sa douce mélodie. Chloé, pareillement assise auprès de
lui, voyoit paître ses brebis : mais plus souvent elle avoit les
yeux sur Daphnis jouant de la flûte, et alors aussi elle le
trouvoit beau ; et pensant que ce fût la musique qui le faisoit paroître ainsi, elle prenoit la flûte après lui pour voir
d'être belle comme lui. Enfin elle voulut qu'il se baignât
encore, et pendant qu'il se baignoit elle le voyoit tout nu,
et le voyant elle ne se pouvoit tenir de le toucher : puis le
soir, retournant au logis, elle pensoit à Daphnis nu, et ce
penser-là étoit commencement d'amour.

« Bientôt elle n'eut plus souci ni souvenir de rien que de
Daphnis, et de rien ne parloit que de lui. Ce qu'elle éprou-
voit, elle n'eût su dire ce que c'étoit, simple fille nourrie
aux champs, et n'ayant ouï en sa vie le nom seulement
d'amour. Son âme étoit oppressée ; malgré elle bien souvent ses yeux s'emplissoient de larmes. Elle passoit les
jours sans prendre de nourriture, les nuits sans trouver de
sommeil : elle rioit et puis pleuroit ; elle s'endormoit et
aussitôt se réveilloit en sursaut ; elle pâlissoit et au même
instant son visage se coloroit de feu. La génisse piquée du
taon n'est point si follement agitée. De fois à autre elle
tomboit dans une sorte de rêverie, et toute seulette dis-
couroit ainsi : « A cette heure je suis malade, et ne sais
« quel est mon mal. Je souffre et n'ai point de blessure. Je
« m'afflige, et si n'ai perdu pas une de mes brebis Je
« brûle, assise sous une ombre si épaisse. Combien de fois
« les ronces m'ont égratignée! et je ne pleurois pas. Com-
« bien d'abeilles m'ont piquée de leur aiguillon ! et j'en
« étois bientôt guérie. Il faut donc dire que ce qui m'at-
« teint au cœur cette fois est plus poignant que tout cela.

« De vrai Daphnis est beau, mais il ne l'est pas seul. Ses
« joues sont vermeilles, aussi sont les fleurs; il chante,
« aussi font les oiseaux; pourtant, quand j'ai vu les fleurs,
« ou entendu les oiseaux, je n'y pense plus après. Ah! que
« ne suis-je sa flûte pour toucher ses lèvres ! Que ne suis-
« je son petit chevreau, pour qu'il me prenne dans ses
« bras ! O méchante fontaine qui l'as rendu si beau, ne
« peux-tu m'embellir aussi ? O nymphes ! vous me laissez
« mourir, moi que vous avez vue naître et vivre ici parmi
« vous! Qui après moi vous fera des guirlandes et des bou-
« quets, et qui aura soin de mes pauvres agneaux, et de
« toi aussi, ma jolie cigale, que j'ai eu tant de peine à
« prendre ? Hélas! que te sert maintenant de chanter au
« chaud du midi ? Ta voix ne peut plus m'endormir sous
« les voûtes de ces antres; Daphnis m'a ravi le sommeil. »
Ainsi disoit et soupiroit la dolente jouvencelle cherchant
en soi-même que c'était d'amour dont elle sentoit les feux,
et si n'en pouvoit trouver le nom. »

2° *Lettre à la Cousine*. — « Un jour je voyageais en Calabre: c'est un pays de méchantes gens, qui, je crois,
n'aiment personne, et en veulent surtout aux Français; de
vous dire pourquoi, ce serait trop long, suffit qu'ils nous
haïssent à mort et qu'on passe fort mal son temps lorsqu'on tombe entre leurs mains. J'avais pour compagnon
un jeune homme d'une figure... ma foi, comme ce monsieur que nous vîmes au Rincy ; vous en souvenez-vous ? et
mieux encore peut-être: je ne dis pas cela pour vous intéresser, mais parce que c'est la vérité. Dans nos montagnes,
les chemins sont des précipices, nos chevaux marchaient
avec beaucoup de peine ; mon camarade allant devant, un
sentier qui lui parut praticable et plus court nous égara.
Ce fut ma faute: devais-je me fier à une tête de vingt ans ?
Nous cherchâmes, tant qu'il fit jour, notre chemin à travers ces bois; mais plus nous cherchions, plus nous nous

perdions, et il était nuit noire quand nous arrivâmes près
d'une maison fort noire ; nous y entrâmes non sans soup-
çon, mais comment faire ? Là nous trouvons toute une
famille de charbonniers à table où du premier mot on
nous invita ; mon jeune homme ne se fit pas prier: nous
voilà buvant et mangeant, lui du moins, car pour moi
j'examinais le lieu et la mine de nos hôtes. Nos hôtes
avaient bien la mine de charbonniers: mais la maison,
vous l'eussiez prise pour un arsenal ; ce n'étaient que fusils,
pistolets, sabres, couteaux, coutelas. Tout me déplut, et je
vis bien que je déplaisais aussi: mon camarade, au contraire : il était de la famille, il riait, il causait avec eux ; et
par une imprudence que j'aurais dû prévoir (mais quoi !
s'il était écrit...), il dit d'abord d'où nous venions, où nous
allions, que nous étions Français: imaginez un peu ! chez
nos plus mortels ennemis, seuls, égarés, si loin de tout secours humain ! et puis, pour ne rien omettre de ce qui
pouvait nous perdre, il fit le riche, promit à ces gens, pour
la dépense et pour les guides le lendemain, ce qu'ils voulurent. Enfin, il parla de sa valise, priant fort qu'on en
eût grand soin, qu'on la mît au chevet de son lit; il ne
voulait point, disait-il, d'autre traversin. Ah ! jeunesse !
jeunesse ! que votre âge est à plaindre ! Cousine, on crut
que nous portions les diamants de la couronne; ce qu'il y
avait qui lui causait tant de souci dans cette valise, c'étaient
les lettres de sa maîtresse. Le souper fini, on nous laisse;
nos hôtes couchaient en bas, nous dans la chambre haute
où nous avions mangé : une soupente élevée de sept à
huit pieds, où l'on montait par une échelle, c'était là le
coucher qui nous attendait, espèce de nid dans lequel on
s'introduisait en rampant sous des solives chargées de provisions pour toute l'année. Mon camarade y grimpa seul
et se coucha tout endormi, la tête sur la précieuse valise :
moi, déterminé à veiller, je fis bon feu, et m'assis auprès.
La nuit s'était déjà passée presque entière assez tranquil-

lement, et je commençais à me rassurer, quand sur
l'heure où il me semblait que le jour ne pouvait être loin,
j'entendis au-dessous de moi notre hôte et sa femme parler et se disputer ; en prêtant l'oreille par la cheminée qui
communiquait avec celle d'en bas, je distinguai parfaitement ces propres mots du mari : « Eh bien ! enfin,
« voyons, faut-il les tuer tous deux ? » A quoi la femme répondit : « Oui. » Et je n'entendis plus rien.

« Que vous dirai-je ? je restai respirant à peine, tout
mon corps froid comme un marbre ; à me voir, vous
n'eussiez su si j'étais mort ou vivant. Dieu ! quand j'y
pense encore !... Nous deux presque sans armes, contre
eux douze ou quinze qui en avaient tant ! Et mon camarade mort de sommeil et de fatigue ! L'appeler, faire du
bruit, je n'osais : m'échapper tout seul, je ne pouvais : la
fenêtre n'était guère haute, mais en bas deux gros dogues
hurlant comme des loups... En quelle peine je me trou-
vais, imaginez-le si vous pouvez. Au bout d'un quart
d'heure, qui fut long, j'entends sur l'escalier quelqu'un,
et par la fente de la porte, je vis le père, sa lampe d'une
main, dans l'autre un de ses grands couteaux. Il montait,
sa femme après lui, moi derrière la porte ; il ouvrit : mais,
avant d'entrer, il posa la lampe, que sa femme vint prendre ;
puis il entre pieds nus, et elle de dehors lui disait à voix
basse, masquant avec ses doigts le trop de lumière de la
lampe : « Doucement, va doucement. » Quand il fut à
l'échelle, il monte, son couteau dans les dents, et venu à
la hauteur du lit, ce pauvre jeune homme étendu offrant
sa gorge découverte, d'une main il prend son couteau, et
de l'autre... ah ! cousine... il saisit un jambon qui pen-
dait au plancher, en coupe une tranche, et se retire comme
il était venu. La porte se referme, la lampe s'en va, et je
reste seul à mes réflexions.

« Dès que le jour parut, toute la famille, à grand bruit,
vint nous éveiller, comme nous l'avions recommandé. On

apporte à manger, on sert un déjeuner fort propre, fort bon, je vous assure. Deux chapons en faisaient partie, dont il fallait, dit notre hôtesse, emporter l'un et manger l'autre. En les voyant, je compris enfin le sens de ces terribles mots : *faut-il les tuer tous deux?* Et je vous crois, cousine, assez de pénétration pour deviner à présent ce que cela signifiait.

« Cousine, obligez-moi, ne contez point cette histoire. D'abord, comme vous voyez, je n'y joue pas un beau rôle, et puis vous me le gâterez. Tenez, je ne vous flatte point : c'est votre figure qui nuirait à l'effet de ce récit. Moi, sans me vanter, j'ai la mine qu'il faut pour les contes à faire peur. Mais vous, voulez-vous conter ? prenez des sujets qui aillent à votre air. Psyché par exemple. »

8° Le Musée P.-L. Courier (1921).

Suivant les vœux de fervents couriéristes, et d'après l'engagement pris le 8 septembre 1918, le musée P.-L. Courier a été fondé par le secrétaire du comité.

Une armoire a été installée dans la salle de la mairie de Véretz, le 26 août 1921, après autorisation préalable donnée par le maire, M. Jean Sergent :

« Nous, soussigné, maire de Véretz (Indre-et-Loire), autorisons le comité Paul-Louis Courier, — dont le siège est en la mairie de Véretz, — en la personne de M. Marchadier, secrétaire :

« A mettre dans la mairie, et à l'y laisser aussi longtemps qu'il le jugera utile.

« L'armoire-bibliothèque destinée à servir de musée au « dit comité.

« Fait en mairie de Véretz, le 1ᵉʳ juillet 1921.

« *Le Maire*.

« *Signé :* SERGENT. »

Malheureusement. le musée ne contient encore que les œuvres de Courier. celles de Louis André. Gaschet. Victor Perrot, etc.. ainsi que le cachet attribué à P.-L. Courier (1.

Espérons que des personnes généreuses l'enrichiront en ouvrages. gravures. autographes et souvenirs divers, destinés à perpétuer la mémoire de l'illustre pamphlétaire.

La rive gauche du Cher.

----

(1) Ce cachet est un « petit bijou et une merveille de gravure ». que M. Perrot vient d'offrir au musée. « Gravé sur pierre fine (jade), le cachet a deux faces opposées, à 43 millimètres l'une de l'autre. Sur l'une sont gravées les armoiries des Courier, sur l'autre les initiales P. L. C. entrelacées dans un écu au champ d'azur. La couronne comtale orne les deux faces. selon la mode si répandue chez les bourgeois du xviiie siècle... Ce blason se lit : *d'azur, au chien courant (lévrier) d'argent (?) accompagné en pointe d'un croissant du même : au chef d'or, chargé d'un cor lié de... »*

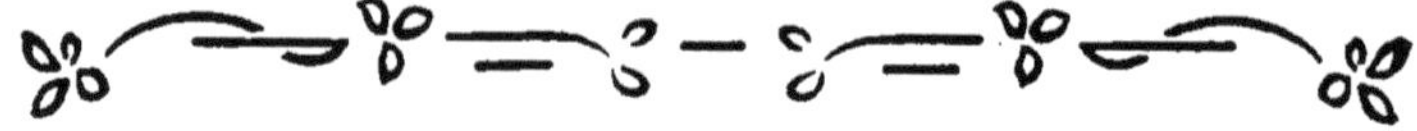

La famille Courier

1° Acte de naissance de Jean-Paul Courier au Plessis-Gatebled (Aube) (1).

L'an mil sept cent trente deux, le 3e jour de novembre, est né de légitime mariage Jean-Paul, fils de Jean Courier et de Jeanne Joly, ses père et mère, et a été le même jour baptisé par moi, prêtre et curé soussigné, le parrain a été Pierre Daussange, la marraine Catherine Lauxerrois qui a déclaré ne savoir signer. — (*Signé :*) DAUSSANGE, PILOT, curé.

2° Acte de naissance de Paul-Louis Courier, paroisse Saint-Eustache, à Paris (1772).

L'an mil sept cent soixante-douze, le samedy quatre janvier, fut baptisé Paul-Louis, né d'aujourd'huy, fils de M. Jean-Paul Courier Demeré et de Louise-Elisabeth Laborde, sa mère, demeurant rue du Mail. Le parein Jacques-Étienne-Remy Petit, marchand, la maraine Marie-Magdelaine Luce, fille de Jean-Pierre Luce, marchand. Le père absent. Ainsy signé : LUCE, PETIT et DAUDIN, curé.

En marge du dit acte est écrit : Par l'acte de célébration du mariage du dit sieur Jean-Paul Courier et Louise-Elisabeth Laborde, inscrit sur les registres de la paroisse de Saint-Pierre de Mazières, diocèse de Tours, sous la date du onze février 1777, les dits sieur et dame Courier ont reconnu le dit Paul-Louis Courier, baptisé par l'acte cy-dessus, pour leur enfant légitime et l'ont légitimé de même que si il fut né avant (*sic*) la dite célébration de mariage, lesquelles mentions ont été faites en exécution d'une sentence rendue par la chambre du conseil du Châtelet du deux décembre mil sept cent soixante-dix-sept. — (*Signé :*) MOREAU, greffier.

(Extrait de *la Jeunesse de P.-L. Courier*, de Robert Gaschet.)

---

(1) Extrait des registres de l'état civil de la commune du Plessis-Gatebled (Aube).

3° Acte de mariage de Jean-Paul Courier (1777), à Mazières (Indre-et-Loire).

L'an mil sept cent soixante-dix-sept et le onzième jour de février, après une seule publication de bans faite au prône de nos paroisses, tant en cette paroisse qu'en celle de Châtillon-sur-Loing, diocèse de Sens, et celle de Cinq-Mars-la-Pile, de ce diocèse, entre M. Jean-Paul Courier, seigneur du Breuil et de ses dépendances, majeur, fils de feu M. Jean Courier, marchand pour la provision de Paris, et de feue dame Jeanne Joly, de cette paroisse en partie et de celle du dit Cinq-Mars-la-Pile pour l'autre partie du domicile...

D'une part,

Et demoiselle Louise-Elizabeth La Borde, fille majeure de M. Jean La Borde, ancien bourgeois de Paris, et de feue dame Marie-Magdelaine Massinot, de la paroisse de Châtillon-sur-Loing, en Gâtinais, diocèse de Sens...

D'autre part,

Vu les dispenses des deux autres bans accordées par Nos Seigneurs les archevêques de Sens et de Tours ;

Vu la permission à nous accordée de faire la célébration du mariage par M. le curé doyen de Châtillon et son certificat de publication sans empêchement ni opposition en date du cinq du présent, nous, curé soussigné, avons donné aux parties ci-dessus dénommées la bénédiction nuptiale, et dans le moment a été reconnu par les dits époux que sur la foi des promesses qui viennent d'être sanctifiées, il est né de leur cohabitation un enfant actuellement vivant qui a été élevé, éduqué et entretenu par le dit époux dans la maison duquel il demeure, et qui a été baptisé à l'église paroissiale de Saint-Eustache, à Paris, l'an mil sept cent soixante-douze, le samedi quatre janvier, sous le nom de Paul-Louis, né le dit jour, fils de M. Jean-Paul Courier, de Méré, et de Louise-Élizabeth, de Mont-de-Ville, sa mère, rue du Mail, dont le parrain a été Jean-Rémi Petit, marchand, la marraine Marie-Magdelaine Luce, fille de Jean Luce, marchand, suivant l'extrait de baptême délivré par le sieur Delavilléon, en date du trois du présent, légalisé le quatre par M Corzac de Saunier, vicaire général de Paris, lequel enfant a, en conséquence, été reconnu par les dits époux pour légitime et demeure en effet légitimé, de même que s'il fût né après la bénédiction nuptiale, se réservant les dits époux de faire mention de la présente reconnaissance en marge du registre de baptêmes de la dite paroisse de

Saint-Eustache. — En présence et du consentement de M. Jean
La Borde, père de la dite épouse, de maître Jean-François-Anne
Estevelin de Hautes-Landes, lieutenant de la baronnie de Cinq-
Mars, et de dame Marie-Magdelaine Feau, épouse du dit sieur
Estevelin, amis des parties, de Pierre Bezard, maréchal de forge,
de Toussaint et François Bezard; ses fils, de même état, de da-
moiselle Jeanne-Gabrielle Godefroi et autres, qui ont déclaré ne
savoir signer, fors les soussignés. — L.-E. LABORDE ; J.-P. COURIER ;
LABORDE ; FEAU-ESTEVELIN ; ESTEVELIN ; BEZARD ; F. BEZARD ; BEZARD
LE JEUNE ; GUÉRIN, curé.

(Extrait de la Jeunesse de P.-L. Courier, de Robert Gaschet.)

4° Acte de décès de Jean-Paul Courier,
an IV (11 février 1796),
à Cinq-Mars (Indre-et-Loire).

Aujourd'hui vingt-cinq pluviôse an quatre de la République
française une et indivisible, à huit heures du matin, sont comparus en la maison commune par-devant moi, officier public soussigné, les citoyens Jean Gaudin, marchand aubergiste, âgé de
cinquante-deux ans, et René Bejandry, menuisier, âgé de qua-
rante-deux ans, Charles Trépied, marchand boulangé, âgé de
trente-trois ans, tous domiciliés de cette commune, lesquels m'ont
déclaré que le citoyen Jean Paul Courier, propriétaire et agent
municipal de cette commune, natif de Saint-Morice-au-Riche-
Homme, département de l'Aube, est décédé de hier vers les six
heures du matin en son domicile de la Véronique en cette commune, canton du Ponceau; d'après cette déclaration, je me suis
transporté au domicile du décédé où, m'étant assuré de sa mort,
j'en ai de suite dressé le présent acte en présence des susdits
témoins qui ont déclaré ne savoir signer de ce interpellé. — (*Signé*.)
René Trosseau, officier public.

5° Acte de décès de Louise-Élisabeth Laborde,
an X (2 octobre 1802),
à Cinq-Mars (Indre-et-Loire).

Mairie de Cinq-Mars-la-Pile, arrondissement communal de Chinon. Du onzième jour du mois de vendémiaire, l'an dix de la République française.

Acte de décès de Louise-Élisabeth Laborde, décédée cejourd'hui,
à onze heures du matin, âgée de soixante-cinq ans, née à Paris,
le trente novembre mil sept cent trente-six, département de la

Seine-et-Loire, demeurant à la Véronique, commune du dit Cinq-
Mars, veuve du citoyen Jean-Paul Courier, décédé le vingt-quatre
pluviôse an quatre en cette commune, fille du défunt Jean Laborde et de Marie-Madelaine Massinot. Sur la déclaration à moi
faite par le cit. Françoise Lejeune, rentière, demeurant à Cinq-
Mars, profession de rentière, qui a dit être amie de la défunte, et
par le citoyen Jean Chiverd, demeurant à Cinq-Mars, profession
de cultivateur, qui a dit être voisin de la défunte. Et ont signé :
Lejeune, Chiverd. — Constaté par moi, Jacques Perrier, maire
du dit Cinq Mars, faisant les fonctions d'officier public de l'état
civil, soussigné. — (*Signé :*) J. Perrier.

6° Acte de mariage de Paul-Louis Courier (1814).

*L'acte de l'état civil ayant été brûlé par la Commune, en 1871, n'a
pas été reconstitué. Nous n'avons pu nous procurer que l'acte dressé à
la paroisse Saint-Jean-Saint-François, où a eu lieu le mariage religieux.*

L'an mil huit cent quatorze, le jeudi douze du mois de mai,
après un ban publié en cette église et en celle de Saint-Germain-
l'Auxerrois, sans aucune opposition, dispense des deux autres
bans obtenue de MM. les vicaires généraux du chapitre de l'église
métropolitaine de Paris, administrateurs de l'archevêché de Paris,
le siège vacant, en date d'avril dernier, les fiançailles célébrées
aujourd'hui, et après l'exhibition de l'acte civil du mariage pro-
noncé, en la mairie du 7° arrondissement, en date de ce jour,
ont reçu en cette église la bénédiction nuptiale : M. Paul-Louis
Courier, ancien officier d'artillerie, membre de la Légion d'honneur, fils majeur des défunts M. Jean-Paul Courier et de dame
Louise-Elisabeth La Borde, son épouse, demeurant rue des Bour-
donnais, n° 12, paroisse Saint-Germain-l'Auxerrois, d'une part; et
demoiselle Esther-Etienne-Herminie Clavier, fille mineure de
M. Etienne Clavier, membre de l'Institut, professeur au Collège
royal, et de dame Esther-Pélagie Duboschet, son épouse, présents
et consentants au mariage de leur dite fille, demeurant de droit
et de fait rue du Grand-Chantier, n° 8, de cette paroisse, d'autre
part.
Ont été présents et témoins à la réception de la bénédiction
nuptiale, de la part de l'époux, M. Pierre-Edouard Lemontey,
avocat, censeur royal, ami, demeurant rue Saint-Dominique, n° 95,
et M. Pierre-François Montgolfier, inspecteur aux droits réunis,
ami, demeurant rue Pastourelle, n° 5; et de la part de l'épouse,

M. Joseph Bannefroi, propriétaire, son oncle paternel, demeurant rue du Mont-Blanc, n° 66, et M. Jean-Louis Amelin, substitut de M. le procureur du roi près le tribunal de première instance de cette ville, son cousin germain paternel à raison de son épouse, demeurant rue des Trois-Frères, n° 5, et M. André-Claude Faye, étudiant en droit, son cousin issu de germain, demeurant rue Danjou-Thionville, n° 10, lesquels témoins, après nous avoir certifié les domicile, liberté et catholicité des parties contractantes, et après lecture de la note, ont signé avec le marié, la mariée, le père et la mère de la mariée, approuvé la lecture. — *Pour copie conforme :* F. CHAILLET, premier vicaire.

(Dû à l'obligeance de M. Victor Perrot.)

7° Acte de naissance de Paul-Étienne Courier à la Chavonnière (1820), n° 46 à l'état civil.

L'an mil huit cent vingt, le trente septembre, à l'heure de onze du matin, par-devant nous, maire, officier de l'état civil de la commune de Véretz, arrondissement de Tours-Sud, département d'Indre-et-Loire, soussigné, est comparu monsieur Paul-Louis Courier, ancien officier d'artillerie, membre de la Légion d'honneur, propriétaire en la commune de Véretz, y demeurant, lequel nous a représenté un enfant du sexe masculin, né de ce jours à une heure du matin de lui déclarant et de Etienne-Herminie Clavier, son épouse, auquel enfant il a déclaré vouloir donner les prénoms de Paul-Etienne. Les di*ttes* déclarations et présentations faites en présence de monsieur Charles-Pierre-Honoré Huret, adjoint au dit Véretz, âgé de trente-neuf ans, et du sieur Jean Prou, vigneron au dit Véretz, âgé de quarante ans, témoins à ce requis, lequel a déclaré ne savoir signer de ce interpellé suivant la loy après lecture du présent acte, le sieur Huret et le déclarant ont signé avec nous. — Ont signé : COURIER, HURET et DE BEAUNE, maire.

8° Acte de naissance de Louis-Esther Courier à la Chavonnière (1824), n° 51 à l'état civil.

L'an mil huit cent vingt-quatre, le 20 du mois d'octobre, à quatre heures du soir, devant nous, maire, officier de l'état civil de la commune de Véretz, canton de Tours-sud, département d'Indre-et Loire, est comparu monsieur Auguste Herpin, officier de santé à Véretz, âgé de vingt huit ans, lequel nous a présenté Louis-Esther, enfant du sexe masculin, qu'il nous a déclaré être né d'hier à l'heure de trois après midi, de monsieur Paul-Louis Courier, ancien officier d'artillerie, membre de la Légion d'honneur, demeurant à la Chavonnière, commune de Véretz, et de Etienne-Herminie Clavier, son épouse. Les dites déclaration et présentation ont été faites en présence de messieurs Marchandeau, curé desservant à Véretz, âgé de quatre-vingt-trois ans révolus, et Etienne Huret, tonnellier à Véretz, âgé de vingt-cinq ans. Et ont le déclarant et les dits témoins signé avec nous le présent après qu'il leur en a été fait lecture. — Ont signé au registre : HERPIN, chirurgien, MARCHANDEAU, Etienne HURET et DE BEAUNE, maire.

9° Acte de décès de Paul-Louis Courier (1) à Véretz (12 avril 1825), n° 16.

L'an mil huit cent vingt-cinq, le douze du mois d'avril, à dix heures du matin, devant nous, maire, officier de l'état civil de la commune de Véretz, canton de Tours-sud, département d'Indre-et-Loire, sont comparus les sieurs Simon-Nicolas Drumel, capitaine en retraite, chevalier de la Légion d'honneur, receveur des contributions à Véretz, âgé de trente-huit ans, et monsieur François-Jacques-Martin Girardot, capitaine en retraite, chevalier de Saint-Louis, âgé de soixante ans, domicilié bourg de Véretz, lesquels nous ont déclaré que monsieur Paul-Louis Courier, ancien chef d'escadron au 1er régiment d'artillerie à cheval, chevalier de l'ordre royal de la Légion d'honneur, âgé de cinquante-un ans, époux de demoiselle Esther-Etienne-Herminie Clavier, fils de feu monsieur Jean-Paul Courier et de feue dame Louise-Elisabeth La Borde, son épouse, ses père et mère, a été trouvé mort dans sa forêt de Larçay, commune du même nom, hier onze avril mil huit cent vingt-cinq, vers l'heure de dix du matin, et transféré en son domicile de la Chavonnière, dite commune de Véretz, vers les cinq heures du soir. D'après cette déclaration, nous nous sommes transporté au dit lieu de la Chavonnière et nous sommes assurés du dit décès en présence des sieurs Clément Gérier, propriétaire et adjoint de la commune de Véretz, âgé de cinquante-sept ans, et Etienne Roy fils, serrurier à Véretz, secrétaire de la mairie, âgé de vingt-sept ans. Lesquels témoins et les déclarants ont signé avec nous le présent acte après qu'il leur en a été fait lecture. — Ont signé : ROY, GIRARDOT, chevalier de Saint-Louis; DRUMEL, GÉRIER, adjoint, et DE BEAUNE, maire.

____

(1) Registres de l'état civil de la commune de Véretz.

10° Acte d'enterrement de Paul-Louis Courier (12 avril 1825) (1).

L'an mil huit cent vingt-cinq, le 12 avril, à quatre heures du soir, a été inhumé dans le cimetière de cette paroisse le corps de Paul Louis Courier, ancien chef d'escadron d'artillerie, membre de la Légion d'honneur, trouvé assassiné le jour précédent, âgé de cinquante-un ans. — (*Signé :*) MARCHANDEAU, curé (2).

11° Acte du deuxième mariage de Mme Courier (1834) (3).

L'an mil huit cent trente-quatre, le 4 août à Paris,

Acte de mariage de : David-Eugène Maunoir, docteur en chirurgie, né à Genève, demeurant à Paris, rue de Vaugirard, n° 37, fils de Charles-Théophile Maunoir, décédé, et de Jeanne-Marie-Henriette Malvesin, sa veuve,

Et de : Esther-Etienne Herminie Clavier, née à Nonville, département de Seine-et-Marne, fille de Etienne Clavier, décédé, et de Esther-Pélagie Dubochet, sa veuve, demeurant à Genève.

(Copie littérale de l'acte rétabli d'office, sans autres renseignements.)

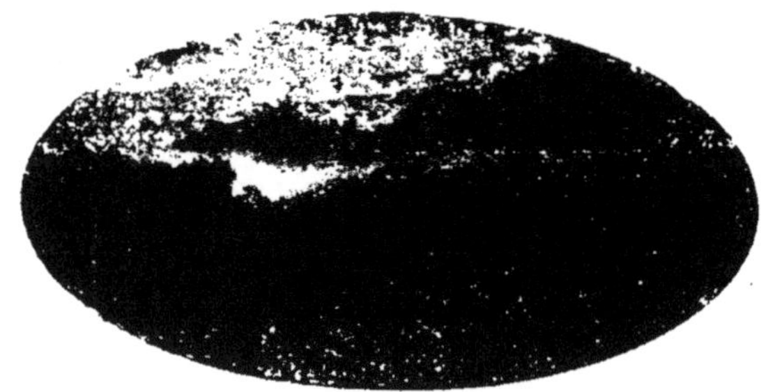

Coucher de soleil sur le Cher.

---

(1) Extrait des registres de l'église de Véretz.

(2) Le curé Marchandeau réclama 192 francs pour les obsèques de Courier.

(3) Extrait du greffe du tribunal civil de la Seine.

TABLE DES MATIÈRES

TABLE DES GRAVURES

ERRATA

Lire page 15 : Gordianus (238-244) *au lieu de* Constantinus ; Gallus *au lieu de* Gordianus ; Constantinus (306-337) *au lieu de* Gallus.

Page 97, renvoi : *lire* pages 39 et 40.

3-25. — Tours, impr. Tourangelle.

TOURS
IMPRIMERIE TOURANGELLE